DÉFUNTS

DU MÊME AUTEUR

Les Lois de l'au-delà : messages de Grégory, Exergue, 2012.

Nous ne mourons jamais – la vie après la mort : la vérité, Alcina, 2008.

BERNARD JAKOBY

DÉFUNTS

COMMENT DIALOGUER AVEC EUX

traduit de l'allemand
par Jean-Louis Clauzier

ARCHIPOCHE

Ce livre a paru sous le titre
Wege der Unsterblichkeit : Neue Erkenntnisse über die Nahtoderfahrung
en accord avec l'agence Editio Dialog, Michael Wenzel, Lille.
Première édition française : *L'Au-delà existe*, Copyright © Presses du Châtelet, 2012.

Notre catalogue est consultable à l'adresse suivante :
www.archipoche.com

Éditions Archipoche
34, rue des Bourdonnais
75001 Paris

ISBN 978-37735-077-3

Introduction

Voilà maintenant plus de trente ans que je travaille sur les questions de la mort, de la fin de vie, des expériences de mort imminente et des contacts spontanés avec les morts. Mon intérêt pour cette thématique est né de la lecture de *La Vie après la vie*[1], première étude majeure sur les expériences de mort imminente (EMI) publiée à l'époque moderne, et fondement de la thanatologie (étude de la mort) actuelle. Cet essai a été un élément déclencheur, qui a incité des chercheurs du monde entier à étudier de manière scientifique les états de conscience des personnes en fin de vie. Les expériences de mort imminente démontrent que l'homme est un être spirituel qui suit, au moment de sa mort, un cheminement éminemment spirituel.

Dans le même temps, une chercheuse d'origine suisse, Élisabeth Kübler-Ross, s'est appuyée sur ses observations au chevet de personnes mourantes pour approfondir notre compréhension de ce qui se produit au moment de la mort. Elle n'a pas hésité à parler avec les mourants de leurs sensations, et s'est aperçue que les patients avaient conscience du peu de temps qu'il

1. Raymond Moody, *La Vie après la vie*, Robert Laffont, 1977.

leur restait à vivre. Nous la retrouverons au cours de ce livre, car c'est elle qui a fait sortir la mort du déni où elle était maintenue et l'a amenée dans la sphère publique. Au début des années 1980, elle a participé à diverses émissions de télévision, occasions pour elle de remettre en cause les lieux communs habituels sur la mort. Ce furent pour moi des moments marquants, inoubliables, qui ont transformé pour toujours ma vision du monde, et aujourd'hui encore, je me réjouis d'avoir rencontré cette femme extraordinaire. Elle a rédigé la préface de mon premier livre *Auch Du lebst ewig*[1], et en 2000, j'ai pu passer une semaine chez elle, à Scottsdale, en Arizona. Nos conversations, très intenses, furent publiées à l'époque dans plusieurs revues.

En 1986, on a diagnostiqué un cancer à ma mère, Hildegard Jakoby. Lors d'une première intervention, on lui a retiré l'estomac, plusieurs parties des intestins, la vésicule biliaire et la totalité de l'épiploon. À l'époque, je croyais qu'il était tout à fait impossible de survivre à une telle opération; pourtant, pendant deux ans, il sembla qu'elle allait résister à la maladie. Mais le cancer est ensuite revenu en force : elle a dû subir plusieurs opérations et chimiothérapies. Dans le même temps, mon père a développé un cancer du côlon, avec des complications sans fin. Au cours des deux années suivantes, il ne se passa pas un jour sans que l'un ou l'autre de mes parents se trouvât en soins intensifs ou en chimio. Je peux dire à présent que cette période a bouleversé ma vie. Mon père est mort en août 1990, suivi de peu par ma mère. Au moment de mourir, lorsque celle-ci m'a dit adieu, j'ai senti à la fois

1. « Toi aussi tu vis éternellement » (non traduit).

les larmes me monter aux yeux, et un immense soulagement de la voir enfin libérée de ses indicibles souffrances. En effet, la prise en charge de la douleur était alors loin d'être aussi développée que celle que nous connaissons actuellement. Chacun était abandonné à son sort. Par la suite, j'ai été amené, par le hasard des circonstances, à accompagner plusieurs proches vers la mort. C'est cette expérience qui m'a décidé à m'intéresser à la vie après la mort. Surmonter la mort de mes deux parents et supporter cette souffrance n'a pas été chose facile. À plusieurs reprises, j'ai cru que j'allais m'écrouler. À présent, je comprends que ces épreuves m'ont préparé pour ce qui est devenu l'objectif de ma vie : transmettre au grand public les dernières découvertes sur la mort et la vie d'après.

L'analyse des mécanismes de la mort nous permet de comprendre que nous sommes des êtres spirituels, et nous donne la certitude que nous sommes un élément de la totalité divine. Sans cette intégration à ce sens global, notre vie n'aurait aucun sens. C'est précisément ce que démontrent les expériences de mort imminente (EMI) que nous étudierons dans cet ouvrage. J'emploierai souvent ici le terme de « Dieu », entendant par là force créatrice universelle à la racine de chaque être. Ce terme, vous pouvez le remplacer par le mot qui, pour vous, symbolise cette force. Ces dernières années, j'ai eu d'innombrables conversations avec des personnes de tous horizons, qui m'ont raconté leurs expériences de mort imminente ou leurs contacts avec des morts. Grâce aux conférences et aux séminaires auxquels je participe, aux nombreuses lettres et e-mails que je reçois de mes lecteurs, ou encore à travers mon site Internet[1], j'entretiens un dialogue permanent avec les témoins. Tous les cas cités dans ce livre, sans être nommés, proviennent de mes archives personnelles. On voit, au fil des récits, que tous suivent des schémas déterminés. Il est donc temps d'admettre que les déclarations concordantes de millions de personnes sur l'au-delà sont véridiques et absolument authentiques.

On a assisté ces derniers temps à un afflux massif de découvertes sur les EMI, mais hélas, le grand public n'a pas accès à ces publications, et ne peut donc pas saisir le sens que ces expériences revêtent pour notre vie, à savoir que la mort n'est nullement à craindre. On le comprend, l'étude des expériences de mort imminente peut nous aider à nous défaire de nos angoisses face à la mort. Ce livre se veut donc une présentation synthétique et complète de l'ensemble du savoir dont nous disposons aujourd'hui sur les EMI, afin de le rendre accessible au plus grand nombre. Étudier cette thématique, c'est transformer non seulement son regard sur la mort et l'au-delà, mais aussi sur sa propre vie. Enfin, l'enjeu de ces découvertes va bien plus loin : elles invitent notre société à lever le tabou sur la mort et à permettre à chacun de mourir dans la dignité.

1. www.sterbeforschung.de

1

Les traits caractéristiques d'une expérience de mort imminente

Par expérience de mort imminente, on entend les expériences extracorporelles que connaissent certaines personnes au moment de leur décès ou lors d'épisodes de perte de conscience profonde, comme le coma. Elles surviennent en cas de danger de mort, de blessure grave, ou si, pour une raison ou une autre, la personne sent sa mort proche. Les sujets sont souvent déclarés cliniquement morts, après arrêt du cœur, à la suite d'un accident, à la suite d'une agression violente ou d'une tentative de suicide. Les EMI peuvent aussi avoir lieu à l'occasion de situations de stress paroxystiques, de crises psychiques extrêmes, ou bien de chutes en montagne. On parle alors de mort imminente psychologique. Une expérience de mort imminente est toujours une confrontation totalement inattendue avec la mort. À cette occasion, la conscience se détache du corps, découvrant une nouvelle dimension de l'être. Notons tout de suite que, si ces épisodes n'étaient provoqués que par des causes corporelles (manque d'oxygène, libération massive d'endorphines, hallucinations ou perceptions résiduelles), ils ne donneraient pas lieu à une expérience vécue à part entière ; or, d'innombrables études ont démontré qu'une EMI est une expérience pleinement vécue, et authentiquement humaine.

Les aspects essentiels d'une expérience de mort imminente

L'analyse des très nombreux cas d'EMI recensés dans le monde entier au cours des quarante dernières années permet de dégager des traits caractéristiques permanents, indépendants de la diversité des conditions de vie et des contextes culturels ou religieux. On sait, aujourd'hui mieux que jamais, ce qu'il advient de nous lorsque nous mourons.

1. La continuité de la conscience de soi

Lorsque l'âme, support du Moi terrestre, quitte le corps, la personne se rend compte que son Moi individuel est intact. Elle comprend qu'elle se trouve dans un état de conscience entièrement différent, auquel elle n'avait pas accès auparavant, et découvre une autre dimension de l'être, tout en restant consciente d'elle-même. Ainsi naissent les perceptions subjectives d'une expérience de mort imminente, qui seraient absolument impossibles sans une conscience de soi intacte, car c'est cette conscience qui est le support et le filtre de toute perception. La personne sait alors qu'elle est de toute évidence décédée ; et pourtant, elle se sent plus vivante que jamais.

« Durant toute l'expérience, j'avais conscience de moi-même, et bien que séparé de mon corps, je me sentais plus vivant que je ne l'avais été de toute ma vie terrestre. Ce qui m'a le plus étonné, c'est que je me trouvais hors de mon corps, mais que, dans le même temps, je percevais avec mon Moi habituel tout ce qui se passait autour de mon corps. Cet état de conscience était pour moi inexplicable, mais maintenant, j'ai compris que la conscience ne connaissait jamais de fin. »

2. Un état apaisé et sans douleur

Dès que la conscience abandonne le corps, toutes les souffrances, si vives l'instant d'avant, cessent immédiatement. La douleur ressentie s'évanouit, laissant place à une sensation de calme, de paix, de chaleur et de sécurité, qui vient emplir l'âme.

« Sitôt sortie de mon corps, la douleur et la peur de mourir s'étaient évanouies. J'étais enveloppée d'un amour universel, emplie de calme et d'une profonde sérénité. C'était un sentiment euphorique de félicité, de légèreté et de liberté. »

Josef a vécu une EMI lors d'une grave crise d'asthme, au cours de laquelle il a failli mourir par étouffement. Il décrit son expérience extracorporelle :

« Le silence a submergé mon âme et apaisé mes pensées. Je n'avais plus peur. Tout était incroyablement calme, puis je me suis rendu compte que j'étais encore là. L'idée que j'étais sans doute mort a germé en moi. On n'entendait pas un bruit. C'est le silence le plus paisible que j'aie jamais connu[1]. »

Loin d'avoir été angoissant pour Josef, cet événement lui a permis d'emporter avec lui cette paix en revenant à la vie. À partir de là, il a surmonté son agitation et son impatience. Chaque fois qu'il repensait à son expérience, il ressentait une paix profonde.

3. Les expériences extracorporelles

Cette dimension, sans doute l'un des aspects essentiels des expériences de mort imminente, nous confronte à une vérité fascinante : la conscience existe au-delà du corps humain. Dès lors que le cœur a cessé de battre et que la respiration s'est arrêtée, l'EEG[2] présente une ligne plate. Du point de vue médical, au moment de sa mort clinique, le patient ne peut donc plus avoir de perceptions conscientes, car il ne dispose plus d'une conscience intacte dirigée par le cerveau, et encore moins d'une forme quelconque de conscience de soi. Pourtant, ces expériences extracorporelles ont été attestées à des millions de reprises par les recherches thanatologiques. Au cours de ce phénomène, appelé « décorporation » par certains chercheurs, le sujet quitte son corps, et peut ainsi percevoir des objets, parfois distants de milliers de kilomètres du lieu de son décès clinique, qui lui sont en théorie inaccessibles étant donnée la situation de son corps. Dès que la conscience humaine s'est séparée du corps

1. Long J. et Perry P., *Evidence of the Afterlife* (« Les preuves de la vie après la mort », non traduit), New York, 2010.
2. Électro-encéphalogramme.

physique, l'espace et le temps sont instantanément abolis. Le sujet a alors souvent l'impression que tous les événements se produisent simultanément. En voici un témoignage :

« Tout à coup, je me suis trouvé hors de mon corps ; je voyais les sauveteurs se démener pour me ramener à la vie, tandis que je flottais dans le ciel. Puis, j'ai pensé à ma fille, et je me suis instantanément retrouvé en sa présence. Elle habitait alors à 500 kilomètres de chez moi. Je la voyais à la cafétéria, avec ses collègues, mangeant une part de tarte aux cerises. Elle portait un pull en cachemire rose et un pantalon gris-blanc. Tout cela s'est produit en un instant, alors que l'on me réanimait sur le lieu de l'accident. Vous pouvez imaginer l'étonnement de ma fille, lorsque je l'ai appelée quelques jours plus tard pour lui raconter mes observations. »

Les sujets peuvent se déplacer partout où ils veulent à la vitesse de la pensée, rejoindre instantanément une personne en pensant à elle. Par la suite, ils sont capables de décrire très concrètement ce qu'ils ont vu et vécu au moment de leur mort clinique. Le caractère absolument réaliste des récits, démontré par des centaines d'études, est fascinant. La conscience est indépendante du corps, donc la perception sensible sans support physique est possible ! En voici deux exemples révélateurs :

« La peur s'est évanouie. Tout à coup, je me tenais derrière les médecins, contemplant mon corps. Puis, je me suis détournée d'eux pour me diriger vers une puissante lumière ; je flottais encore au-dessus de moi-même et de ce groupe de gens en blanc, penchés sur celui avec qui j'avais un point commun : ce corps était mon manteau, et je n'en avais plus besoin. Il y eut un moment de calme profond. J'étais libérée de cette partie de moi étendue là[1]. »

L'exemple suivant, rapporté par un homme qui n'avait que dix ans lors de son EMI, montre la légèreté qui caractérise cet état de conscience élargie, moment où toute peur est oubliée. « À dix ans, après à une chute de cheval, j'ai perdu conscience pendant plusieurs heures. Le médecin pensait que je ne survivrais peut-être pas ; et moi, je le voyais disant cela ! C'était déjà très étrange. D'un seul coup, j'ai eu l'impression de me glisser hors de mon corps. C'était extraordinaire ! J'ai adoré planer ainsi dans toute la pièce et regarder tout le monde, y compris moi-même. Puis est venue une dame, dont émanait une lumière toute blanche. Elle m'a dit que je devais rentrer à la maison, mais que je pourrais revenir un jour[2]. »

4. Le passage vers l'au-delà par le tunnel

Les expériences vécues lors d'une décorporation se produisent encore dans le monde physique ; à l'inverse, lors du passage par le tunnel, les sujets connaissent une extension de leurs facultés de perception au-delà du monde. La conscience de soi s'élargit jusqu'à être capable de percevoir des objets du monde spirituel. L'âme se délie toujours plus du

1. Bieneck A., Hagedorn H.-B., Koll W., *Ich habe ins Jenseits geblickt* (« J'ai aperçu l'au-delà », non traduit), Neukirchen-Vluyn, 2006.
2. Morse M., Perry P., *Transformed by the Light* (« Transformés par la lumière », non traduit), New York, 1992.

corps, ce qui intensifie encore les perceptions sensibles. Tous nos sens – la vue, l'ouïe, l'odorat – sont actifs, mais sans passer par le corps ; nous percevons ces sensations dans une simultanéité de tous les événements, tandis que la conscience s'étend jusqu'aux sphères de l'au-delà. La séparation de l'âme lors du passage dans le tunnel est vécue sur un mode « quasi corporel » : on tombe, on se relève, on monte, on flotte ou on vole. De telles expériences sont également vécues lors des rêves de chute et de flottement, bien connus. L'effet de tunnel est produit par la vitesse de déplacement dans l'obscurité. Le sujet n'a alors aucun moyen d'influer sur la vitesse ou sur la durée de ce vol.

Margot Grey, célèbre thanatologue anglaise, a elle-même vécu une expérience de mort imminente ; elle décrit cet effet de tunnel :

« Ensuite, tout s'est obscurci. C'était comme de se réveiller dans l'espace, dans le noir absolu. Puis, j'ai perçu un mouvement. À mesure qu'il s'accélérait, le vide a pris la forme d'un tunnel, comme l'intérieur d'une tornade. Il aurait pu faire des milliers de kilomètres de long, j'avais l'impression de pouvoir y glisser à l'infini. On a la sensation d'être en chute libre, et pourtant, on ne tombe pas vraiment, c'est plutôt un mouvement vers l'avant[1]. »

Le tunnel est un symbole du passage de notre monde vers l'au-delà ; il est parfois perçu comme obscurité, vide, ou traversée d'un espace neutre. Au cours d'un entretien personnel, une femme m'a rapporté ceci :

---

1. Kalweit H., *Liebe und Tod. Vom Umgang mit Sterben* (« L'amour et la mort. Que faire face à la mort », non traduit), Burgrain, 2006.

« J'avais quitté mon corps, et je flottais au-dessus de lui, lorsqu'une puissante aspiration m'a propulsée à toute vitesse dans un tunnel. Au départ, j'étais emplie d'une terreur absolue de mourir, mais, tout à coup, une lumière s'est mise à scintiller au loin. Je me sentais libre, sans poids, et j'étais attirée par une force magique vers cette merveilleuse lumière. »

5. La rencontre avec la lumière

La lumière est un élément essentiel de toute expérience de mort imminente : toute personne qui a pu apercevoir cette lumière de l'au-delà voit sa personnalité transformée. Un homme la décrit ainsi :

« Dans le même temps, j'ai vu un flot de lumière claire et chaude. Elle ne provenait pas d'une direction particulière, elle ne projetait aucune ombre ; au contraire, elle emplissait tout l'espace d'un éclat éblouissant, comme un liquide doré. Tout ce que je voyais avait cette qualité cristalline, scintillante[1]. »

Des années plus tard, le souvenir de cette indescriptible lumière apporte un réconfort et suscite encore des impressions positives. Dans l'au-delà, la lumière est ce qui relie chaque chose avec la Totalité. Un homme m'a raconté ceci :

« Je me suis dirigé vers cette merveilleuse et radieuse lumière. J'étais baigné d'amour, de paix et de chaleur. La lumière était en moi, et ainsi, je devenais moi-même lumière ; elle faisait partie de moi. Ce fut la rencontre

---

1. Bieneck *et al.*, *Ich habe ins Jenseits geblickt*, *op. cit.*

avec l'éternité. La lumière imprégnait tout. D'après moi, elle est l'essence même de l'être. »

Ce sentiment de renouveau spirituel, de purification par l'amour, vécu au sein de la lumière, provoque une transformation radicale de la personnalité.

6. *La vision rétrospective de la vie*

Cette étape nous confronte au sens profond de notre existence. Le sujet comprend qu'il est lui-même responsable de ce qu'il a fait dans sa vie, et revit entièrement les scènes, comme si son existence se déroulait une nouvelle fois. Neev raconte : « Aujourd'hui, je vois le tableau complet, et je comprends que cette vision rétrospective de ma vie, c'est ma vie ! J'étais certes physiquement absente, mais j'avais l'impression de revivre une nouvelle fois ma vie entière. J'avais le sentiment de refaire tout ce que j'avais fait, et je refaisais exactement la même chose, mais en l'analysant sous un nouveau jour[1]. »

On est, pour ainsi dire, à la fois observateur et acteur de sa vie, confronté non seulement à soi-même et aux situations telles qu'on les a vécues, mais aussi aux effets de nos pensées, de nos paroles et de nos actes sur les autres. Par cette double perspective, la vision rétrospective de notre vie fait de nous à la fois des observateurs impartiaux et des acteurs engagés sur le plan émotionnel. Voici comment Neev décrit ce processus :

---

1. Ring K., Elsässer-Valarino E., *Lessons from the Light: What we can learn from the near-death experience* (« Leçons de la lumière. Ce que l'on peut apprendre des EMI », non traduit), Needham, 1998.

« Ainsi, si l'on compare cette vision rétrospective à une pièce de théâtre, c'est comme si nous en étions à la fois acteurs et spectateurs ; je ressentais toutes les émotions, toutes les peines et les douleurs de chacun des personnages de la pièce, et ce, à la fois comme acteur et comme spectateur[1]. »

Cette vision intégrale des choses n'est possible qu'à une seule condition : que chaque pensée, chaque acte et chaque parole soient consignés dans des bases mémorielles, sous forme de champs énergétiques dans le monde spirituel. Elles nous donnent accès aussi bien à la conscience des vivants qu'à celle des morts. Il n'y a pas de juge extérieur. La seule chose qui compte, au cours de cette introspection, est de savoir si nous avons réellement vécu à cœur ouvert ou non.

« J'avais une conscience totale, limpide, de tout ce qui s'était produit dans ma vie. J'ai compris que tout homme est envoyé sur la Terre pour découvrir ou apprendre telle ou telle chose, comme donner plus d'amour, ou être plus aimant vis-à-vis des autres ; savoir que l'essentiel se trouve dans les relations humaines et non dans les choses matérielles ; et comprendre que le moindre acte de notre vie est conservé et reparaît devant nous par la suite[2]. »

La vision rétrospective de la vie est un travail de connaissance supérieure de soi : nul n'y est jugé, et encore moins damné. Tout ce que nous pensons, disons ou faisons dans notre vie terrestre est conservé sous forme énergétique dans des champs de conscience du

1. *Ibid.*
2. *Ibid.*

monde spirituel. Sans cela, cette vision sur la totalité de l'existence serait absolument impossible.

7. *Le retour dans le corps*

Si nous en savons tant sur ce qui se produit lors d'une expérience de mort imminente, c'est parce que les sujets reviennent à la vie et peuvent raconter leurs expériences. Nombre d'entre eux relatent qu'ils sont arrivés à une frontière ou à une borne, et qu'on leur a dit qu'ils devaient retourner dans leur corps. Ce phénomène est en général symbolisé par une image : clôture, mur, banc de brouillard, fleuve, etc. Une femme a ainsi raconté au Dr Raymond Moody, thanatologue, qu'elle faisait voile à bord d'un petit bateau vers un rivage lointain, depuis lequel tous ses proches décédés lui faisaient signe. Pourtant, le temps n'était pas venu pour elle de mourir. Le voilier fit demi-tour, et elle revint à la vie. La décision de retourner revient soit à la personne elle-même – parce qu'elle a des projets à réaliser, ou des enfants à élever –, soit à l'Être de lumière, parce qu'il n'est pas encore temps de partir.

« J'ai prié, j'ai demandé de pouvoir rester. La pensée de me retrouver coincé dans mon corps me déprimait et me dégoûtait au plus haut point. Pourtant, l'ange semblait déjà sur le point de disparaître, et il disait : "Sharon a besoin de toi !" J'ai compris alors que j'avais une responsabilité. Sharon, c'est ma femme, qui est atteinte de sclérose en plaques. À l'instant où j'ai saisi cela, je me suis retrouvé dans mon corps, luttant pour la vie[1]. »

---

1. St Clair Marisa, *Near-Death Experience: The Illustrated Dossier* (« EMI, Le dossier illustré », non traduit), Blandford, 1998.

On croit souvent que les sujets reviennent à la vie à contrecœur. Pourtant, ils savent qu'ils ont une mission à accomplir. Les expériences de mort imminente font partie de l'ordre universel des événements, et nous rappellent que nous sommes inclus dans un plan divin. C'est pourquoi elles constituent toujours un tournant dans la vie des personnes concernées.

8. Transformations de la personnalité

Une EMI a toujours des conséquences profondes sur le reste de la vie du sujet. Toutes ses valeurs, sa personnalité sont modifiées. À long terme, la personne réoriente sa vie et entreprend une transformation progressive d'elle-même. Ayant désormais conscience que la mort n'existe pas, elle cesse d'en avoir peur, et sa vie d'ici et maintenant revêt dès lors un sens plus profond. Elle éprouve un respect accru de toute chose. Nombreux sont ceux qui éprouvent des sentiments d'amour inconditionnel beaucoup plus forts, ce qui transforme radicalement leurs rapports aux autres. Comprenant qu'ils font partie intégrante du grand ordre divin, tel qu'il s'est révélé à eux lors de l'EMI, les sujets reprennent confiance et retrouvent l'estime d'eux-mêmes. Les extraits suivants permettent de se rendre compte à quel point une telle expérience est marquante.

«Cette expérience m'a travaillé ensuite pendant longtemps; j'en ai tiré une foi profonde, et la certitude qu'il ne faut pas craindre la mort!»

«Je suis revenu à la vie fort d'une nouvelle conscience, d'une nouvelle responsabilité, avec encore plus d'amour pour les choses. J'ai parfois un peu l'impression d'être un extraterrestre, mais après tout, c'est plus ou moins le cas. Saurai-je vivre cette nouvelle vie, tenir mes promesses, et aimer la vie[1] ? »

Les chercheurs ont découvert que les EMI étaient fréquemment suivies de l'apparition ou du renforcement de capacités suprasensorielles, notamment de pouvoirs de voyance, de facultés médiumniques ou de rêves prémonitoires. Certains sujets acquièrent des pouvoirs de guérison, d'autres ressentent la présence d'un ange ou entrent en contact avec un esprit qui les guide. Il en résulte une soif de connaissances spirituelles, qui dépasse les dogmes religieux et les professions de foi figées pour se lancer dans une quête personnelle plus ouverte.

Les confins de la mort : de quoi s'agit-il ?

Depuis quelques années, les techniques de réanimation extrêmement sophistiquées ont permis de ramener à la vie d'innombrables personnes aux limites de la mort. Ainsi, de nombreux médecins ont pu constater des récurrences remarquables entre les cas et ont dû admettre qu'il ne s'agissait nullement de phénomènes rares ou isolés.

Pour le sujet qui l'éprouve, cette découverte des confins de la mort constitue l'expérience la plus puissante et la plus déterminante de sa vie, avec des conséquences très profondes sur la suite de son existence. Le cerveau de personnes en état de mort clinique ne présente aucune activité durant cette période : du

1. Bieneck *et al.*, *Ich habe ins Jenseits geblickt*, *op. cit.*

point de vue médical, il est impossible qu'elles aient une conscience, encore moins une conscience d'elles-mêmes. Pourtant, elles sont capables d'entendre, de voir, de percevoir, et tout cela bien plus intensément que jamais. Une personne déclarée cliniquement morte peut se rendre dans une autre pièce, dans un autre bâtiment, voire se transporter à la vitesse de la pensée à des milliers de kilomètres du lieu où son corps repose. Comment est-ce possible ? Comment définir les confins de la mort, puisque l'on sait, par l'ensemble des recherches médicales sur les EMI, que seuls quelque 18 % des sujets passés par un état de mort clinique se souviennent de ce qu'ils ont vécu durant cette phase ? Ce mystère s'éclaire facilement : l'homme n'a aucun contrôle sur ces limites de la mort, et les phénomènes qui s'y produisent ne sont en aucun cas mesurables. À quel moment précis l'âme se sépare-t-elle du corps et franchit-elle la ligne de la mort ? Cela reste inconnu et inaccessible aux scientifiques. En revanche, une EMI vécue de manière spontanée, dans la vie quotidienne, rencontre souvent chez les patients une résistance : en effet, elle n'est pas reliée au reste de l'existence et peut donc effrayer. Mary décrit ainsi ce conflit intérieur :

« Je voyais quelque chose qui ressemblait à un arc-en-ciel, et je ressentais la présence de Dieu. J'étais emplie à la fois de peur et d'amour. J'étais prise entre la peur face à l'inconnu et l'amour pour cette lumière, cette liberté, cette présence que je ressentais. Un instant, j'ai eu l'impression de percevoir ce que signifie le fait d'être semblable à Dieu[1]. »

---

1. Högl S., *Leben nach dem Tod?* (« La vie après la mort ? », non traduit), Rastatt, 1998.

En observant les processus à l'œuvre au moment du décès, on voit qu'il se produit souvent un phénomène de résistance face à cette approche de la mort. Pour pouvoir partir en paix, le mourant doit parvenir à accepter sa propre mort. C'est exactement ce qui se produit lors d'une EMI : celui qui n'est pas prêt à abandonner le contrôle de lui-même et à se laisser aller à ce qu'il vit bloque, par sa peur de l'inconnu, le déroulement normal des étapes du voyage vers l'au-delà.

Les excès de médicalisation et de sédation constituent un autre obstacle, tout aussi puissant, qui nous empêche de franchir le seuil de la mort. Non seulement ces pratiques inhibent la mémoire à court terme, mais elles bloquent aussi la séparation de l'âme d'avec le corps. Ces interventions dans le mécanisme de la mort sont encore plus envahissantes du fait de l'emploi de techniques de réanimation extrêmement sophistiquées et d'appareils de haute technologie. Il est dès lors impossible d'affirmer avec précision à quel moment un sujet se trouve effectivement aux limites de la mort et à quel moment celles-ci ont définitivement été franchies.

On me demande souvent s'il est possible de produire artificiellement de telles visions. Dans la préface à la nouvelle édition de 2001 de son célèbre ouvrage *La Vie après la vie*, le Dr Raymond Moody, pionnier des recherches sur la mort imminente, indique avoir découvert des manières d'entreprendre sans danger ce voyage. Il mentionne des techniques de méditation spécifiques permettant de provoquer des expériences aux confins de la mort. Hélas, il se contente d'y faire allusion, car de telles expériences sont bien trop dangereuses pour l'homme. En 1991, le film *L'Expérience interdite*, avec Julia Roberts et Kiefer Sutherland, s'est essayé à des spéculations de cet ordre.

On y découvre un groupe d'étudiants en médecine qui, pour faire des découvertes scientifiques, provoquent artificiellement des expériences de mort imminente. Celles-ci transforment leur vie en cauchemar, car ils jouent littéralement avec la mort. Au début, à leur réveil, les personnages racontent avoir survolé de merveilleux paysages ou retrouvé les lieux de leur enfance ; mais, par la suite, les uns et les autres commencent à ressentir les effets de la vision rétrospective de leur vie. Ils sont plongés dans des situations cauchemardesques et sont confrontés à leur propre part d'ombre. Pour finir, ils se retrouvent bloqués dans un monde intermédiaire, à la frontière entre la vie et la mort, et poursuivis à la fois dans le monde matériel et dans le monde spirituel. La possibilité que de telles expériences soient effectivement entreprises pour mieux découvrir l'autre monde n'est effectivement pas impensable. Le problème reste toutefois que ces confins ne sont pas mesurables, constituant donc un danger pour la vie des éventuels volontaires.

Fréquence des expériences de mort imminente

En 1999, Hubert Knoblauch a publié une étude sur la structure et la répartition des EMI dans les pays de langue allemande, dans le cadre d'un projet de recherche de plusieurs années mené par l'université de Constance et l'Institut de parapsychologie de Fribourg. Sur l'ensemble de la population, environ 3,5 millions de citoyens allemands déclarent avoir vécu une expérience de mort imminente[1].

---

1. *Cf.* Knoblauch H., *Berichte aus dem Jenseits, Mythos und Realität der Nahtod-Erfahrung* (« Récits de l'au-delà. Mythes et réalités des EMI », non traduit), 1999.

Les chiffres et statistiques disponibles sur la répartition générale des EMI permettent de conclure qu'il existe une frange de personnes qui ne sont pas disposées à en parler, notamment depuis que, ces dernières années, le perfectionnement des techniques de réanimation a permis de ramener des confins de la mort un nombre croissant de patients. On peut, à l'heure actuelle, estimer qu'au moins 4 millions de personnes en Allemagne ont connu de telles expériences, ce qui représente 5 % de la population. Ces chiffres sont corroborés par d'innombrables études menées dans d'autres pays.

Au fil de mes conférences et séminaires, je constate régulièrement que la plupart des gens ne sont prêts à faire part de leurs expériences que dans un cadre protégé, ou bien s'ils sont motivés par d'autres à parler d'eux-mêmes. Mes très nombreuses discussions avec des sujets concernés, à l'issue d'une conférence ou après une question, m'ont renforcé dans ma conviction que ces expériences aux limites de la mort sont bien plus fréquentes qu'on ne le croit d'ordinaire. Ici, une mère relate la naissance de son fils, au cours de laquelle elle s'est vue, flottant au plafond de la maternité, observant ce qui s'y passait. Là, un homme me remercie parce que ma conférence lui a enfin permis de comprendre pourquoi, au cours d'une opération subie en urgence, il avait effectivement vu repasser le film de sa vie et aperçu la lumière. Il n'avait pas fait le lien avec une EMI, et ne savait donc que faire de ce souvenir.

Il ne faut par ailleurs pas négliger le fait qu'un pourcentage élevé de sujets meurent dans les deux ans qui suivent une expérience de mort imminente. Le travail de recherche du cardiologue hollandais Pim van

Lommel, première étude prospective menée en Europe sur ce thème, montre que sur 344 sujets interrogés, 62 avaient connu une EMI. On peut donc supposer que celles-ci constituent aussi une préparation à la mort prochaine, et permettent aux personnes de se défaire de leurs peurs.

2

L'EXPÉRIENCE DE LA MORT DANS L'HISTOIRE DU MONDE

La mort, expérience universelle

La manière dont sont appréhendés les processus complexes et subtils qui se déroulent au moment du décès peut être retracée comme un fil rouge à travers l'Histoire. La mort est une étape universelle, éprouvée de la même manière dans le monde entier, quels que soient les contextes culturels ou religieux. L'homme est né avec cette connaissance intime de la mort, et celle-ci est probablement incluse dans son patrimoine génétique. Qui entreprend un voyage dans son monde intérieur découvrira, au plus profond de soi, sa puissance créatrice, mais aussi la compréhension fondamentale de son existence éternelle et de sa destinée. En se confrontant avec ce savoir tout au long de sa vie, l'homme découvre sa nature d'être éminemment spirituel, et comprend qu'il n'a pas à craindre la mort, car la vie après la mort est une réalité.

Hélas, à notre époque marquée par une rationalité scientifique étriquée, la mort et l'au-delà sont niés, refoulés ; on refuse de les voir en face. On tend à rejeter et isoler les personnes en deuil, par pure impuissance et angoisse devant la mort. Cette vision matérialiste du monde va jusqu'à nier l'existence après la mort, alors même qu'elle est connue depuis des temps immémoriaux. La plupart des chercheurs sérieux commencent par redécouvrir et se réapproprier les sagesses perdues sur la mort et la vie dans l'au-delà. Comme ils se heurtent à de puissantes résistances, il s'agit d'un travail de longue haleine. Aujourd'hui, les nombreux cas d'expériences de mort imminente et de contacts posthumes attirent notre attention sur les lois éternelles de la vie et du passage vers l'autre monde. Or, depuis des siècles, toutes les civilisations et toutes les religions nous ont transmis des expériences et des représentations de la vie après la mort. Elles attestent une réalité que nous tentons péniblement aujourd'hui de nous réapproprier. C'est pourquoi il est utile de commencer par étudier en détail le contenu de ces traditions.

Ère préhistorique et chamanisme

Pour comprendre comment les hommes préhistoriques concevaient l'au-delà, nous nous sommes penchés sur les travaux de l'archéologie ; les sources présentent une profusion d'indices montrant que nos ancêtres croyaient déjà à la continuation de la vie au-delà de la mort et à l'existence en eux d'une âme immatérielle, comme en attestent les nombreuses peintures rupestres et les objets funéraires conservés jusqu'à nos jours. Même les trépanations pratiquées par ces peuples de la nature témoignent de leur croyance en l'existence de l'âme ; ces ouvertures de l'os du crâne étaient parfois pratiquées du vivant des personnes, pour permettre le passage de l'âme, dont le siège était situé dans la tête. L'idée d'une âme capable de s'échapper du corps s'est prolongée dans les pratiques chamaniques.

Si l'âme et le corps étaient initialement vus comme formant une unité indivisible, le développement des rites funéraires est lié à l'avènement de l'idée d'une âme autonome, existant indépendamment du corps. Le chamanisme, tel qu'il s'est développé il y a quelque dix mille ans, après la dernière glaciation, se caractérisait par l'étroite relation qui liait les prêtres ou les guérisseurs avec le monde des esprits. La capacité de quitter son corps et d'entrer en contact avec les ancêtres était la base de l'activité chamanique. Les chamanes étaient capables d'abolir les limites de la conscience ordinaire et de projeter leur âme où bon leur semblait. Des expériences extracorporelles de ce type sont encore décrites de manière analogue de nos jours. Le professeur Jakob Ozols, enseignant et chercheur en préhistoire et protohistoire, résume ainsi la manière dont on concevait alors l'âme : « Elle peut franchir sans effort de grandes distances et arriver en des lieux inconnus ou disparus. Elle n'est pas non plus liée à un temps déterminé, et peut vivre aussi bien dans le passé que dans l'avenir. Elle peut en outre rencontrer l'âme de personnes décédées depuis longtemps, et vivre toutes sortes d'autres expériences étonnantes[1]. » Par cette faculté de quitter

1. Cité d'après Högl S., *Transzendanzerfahrungen, Nahtderfahrungen im Spiegel von Wissenschaft und Religion* (« Expériences de la Transcendance. Les EMI au miroir de la science et de la religion », non traduit), Marbourg, 2006.

volontairement leur corps pour se rendre dans l'au-delà, les chamanes étaient à la fois des mystiques et des guérisseurs : un chamane pouvait accompagner l'âme d'un mort vers son nouveau séjour, mais aussi ramener à la vie celle d'un malade, ou encore s'adonner à une contemplation extatique des mondes cosmiques.

Les représentations de l'au-delà à cette époque, connues grâce à des peintures retrouvées sur les parois de grottes, montrent qu'ils étaient capables de faire la distinction entre le ciel et l'enfer, entre le bien et le mal, et qu'ils savaient que l'on retrouve les êtres proches décédés. Il est d'ailleurs particulièrement intéressant de noter que ces peintures représentent une lumière universelle baignant toutes choses.

Avec ses rites de passage et ses cultes des morts très élaborés, le chamanisme ancien est une des premières formes d'expériences d'élargissement de la conscience, semblables à celles que nous connaissons encore aujourd'hui lors des EMI spontanées. Les facultés médiumniques du sorcier chamane témoignent du caractère universel des processus de la mort. D'après certains chercheurs, ces expériences transcendantes sont un facteur déterminant du choix des grottes pour la réalisation de peintures tournées vers l'au-delà. Roger Walsh, expert mondialement reconnu du chamanisme, estime même que ce sont les EMI spontanées, expériences extracorporelles et rêves prémonitoires, qui ont inspiré les voyages chamaniques entrepris consciemment. Il écrit : « Ces expériences jalonnent toute l'histoire humaine. Elles ont servi d'inspiration pour des expériences consciemment induites, d'abord dans le chamanisme, puis dans les traditions religieuses, et actuellement en psychothérapie[1]. » En résumé, on peut affirmer que les peuples primitifs avaient déjà la certitude d'une vie après la mort, exactement telle qu'elle est aujourd'hui décrite de manière positive. Pourtant, ils croyaient aussi à un royaume obscur des morts, où les aïeux erraient à l'état de fantômes.

Dans l'*Épopée de Gilgamesh* le plus ancien récit conservé de la littérature mondiale (env. 2500 ans avant J.-C.), le héros s'efforce de parvenir à l'immortalité. À la suite de la mort de son ami Enkidu, il tente de pénétrer dans le Royaume des morts. Des hommes-scorpions montent la garde à la Porte du Soleil, mais, voyant qui il est, ils le laissent passer. Gilgamesh traverse un tunnel obscur, au bout duquel il aperçoit une lumière. La description de ce franchissement du seuil de la mort se lit tout à fait comme la description d'une expérience de mort imminente contemporaine : « ... Pourtant, à la fin de cette heure, je me retrouvai tout à coup dehors, devant le puits, et là était le soleil. Je me tenais en lui, et j'étais aveuglé – mes yeux brûlaient dans leur cavité comme un feu liquide. Au-dessous de moi, je voyais la montagne, et je voyais la lumière se briser, se répandre en mille couleurs, je voyais des surfaces scintiller comme de la glace, reflétées par la pierre, baignées de blanc d'albâtre, qui semblait étinceler comme incrusté d'agates[2]. » Ébloui par la splendeur de l'autre monde, Gilgamesh ne veut pas revenir sur Terre. C'est là un motif récurrent des expériences de

1. Högl S., *Transzendanzerfahrungen, Nahtderfahrungen im Spiegel von Wissenschaft und Religion, op. cit.*
2. *L'Épopée de Gilgamesh*, édition et traduction d'Abed Azrié, Paris, 2001.

mort imminente : la plupart des sujets ne réintègrent leur corps qu'à contrecœur. C'est le « Dieu Soleil » qui décide que Gilgamesh doit continuer à vivre.

L'Égypte ancienne

Les anciens Égyptiens croyaient que toute divulgation du savoir sacré équivalait à une profanation du divin. C'est pourquoi le *Livre des morts égyptien* n'était à l'origine transmis que de manière orale. Ce n'est qu'aux alentours de 2000 avant J.-C. que s'est répandue la pratique d'apposer des inscriptions magiques sur les sarcophages et les tombeaux. Par la suite, ces formules ont été tracées sur des papyrus placés dans les cercueils, aux côtés des morts. Ces écrits ont été publiés pour la première fois en Occident en 1842 sous le titre de *Livre des morts égyptien*. Les Égyptiens connaissaient la polarité de l'existence entre la Terre et le ciel, entre le devenir et l'anéantissement, qu'ils représentaient en équilibre dans une gigantesque balance cosmique. Leurs dieux sont des parties d'un Grand Tout unique, au sein de Râ, le principe créateur de l'univers, l'unité originelle, créateur de lui-même. Dans le mythe d'Osiris, celui-ci, homme-dieu, meurt sur Terre en tant que divinité des êtres périssables, pour renaître maître du royaume éternel et immuable des âmes immortelles. On peut résumer de la manière suivante l'expérience de la mort telle que la décrit le *Livre des morts égyptien* : après s'être dépouillée de son corps terrestre, l'âme franchit le seuil de l'au-delà. Elle est éblouie par « la pleine lumière du jour ». Le chapitre LXV donne la parole à une âme qui effectue ce passage :

« Voyez comme je vole, semblable aux oiseaux du ciel ! Voici qu'à présent je descends sur le front de Râ, et que je fais voile en paix sur la mer céleste, installé sur le bateau divin[1]. »

Comme lors d'une expérience de mort imminente, l'âme aperçoit d'abord la lumière, trouve la paix, et se fond en Râ, principe créateur de l'univers. Pourtant, elle doit d'abord se connaître elle-même, et se voit sans fard. Nulle âme n'échappe à la vision de sa vie, et toutes les épreuves sont l'expression du combat contre ses propres démons. Selon les croyances égyptiennes, la conscience est symbolisée par le cœur, qui est le procureur de soi-même. L'âme doit être lavée de toutes ses impuretés : c'est pourquoi elle est soumise à un feu purificateur dans le monde souterrain, pour en ressortir renouvelée et semblable aux dieux. Dès lors, elle est libérée et peut monter dans la barque solaire, symbole de la réunion des contraires. Elle se recueille dans l'unité, et connaît le véritable nom de Dieu, dont elle est une partie éternelle.

La Perse antique

Dans la Perse antique, la conscience d'un monde de l'au-delà est apparue très tôt. D'après l'enseignement de Zarathoustra, l'avenir de l'homme se situe au sein de la lumière du royaume divin. Il y est question d'un combat de la fin des temps, d'un tribunal des morts, et de la résurrection des âmes et des corps. Tout être trouve son accomplissement en Dieu. Voici ce qu'en dit l'un des textes de ce sage fondateur : « … ainsi, ils

1. Kolpaktchy G., *Livre des morts des anciens Égyptiens*, Paris, 1973.

rendent la vie merveilleuse, exempte de vieillissement, de mort, de pourriture, de corruption, éternellement vivante, éternellement florissante, où chacun pourra aller à son gré. Lorsque les morts se réveilleront, lorsque pour les vivants cessera l'anéantissement, alors il renouvellera l'existence selon son bon vouloir[1]. » Outre ces espérances d'un paradis à la fin des temps, en cela tout à fait comparables aux dogmes chrétiens, on trouve dans la tradition de Zarathoustra de nombreux récits d'expériences extracorporelles et de voyages dans l'au-delà. Le prêtre perse Viraz relate s'être trouvé sept jours dans le coma après avoir avalé un narcotique. Il rapporte ensuite ce qu'il a vu : « ... le pont de la séparation, sur lequel chaque âme est confrontée à sa conscience, la pesée des actions... au-delà des étoiles, du soleil et de la lune... le paradis étincelant de la vie éternelle... et les obscurs cachots des enfers, où les sans-dieu se tordent sans espoir[2]. »

L'Antiquité classique

En Grèce antique, on croyait qu'il existait, en plus du corps mortel et de l'esprit qui migre après la mort vers le monde spirituel, une âme individuelle. Après le décès, celle-ci se rend dans l'Hadès, conçu comme un pays désolé, peuplé d'ombres inconsolables. Seuls les dieux choisissent qui pourra accéder aux champs

1. Högl S., *Expériences de la Transcendance, op. cit.*
2. Zaleski C., *Nah-Todeserlebnisse und Jenseitsvisionen vom Mittelalter bis zur Gegenwart* (« Expériences de mort imminente et visions de l'au-delà du Moyen Âge jusqu'à nos jours », non traduit), Francfort, 1993.

Élysées. Voici comment Homère décrit, dans l'*Odyssée*, cette contrée paradisiaque :

« Les dieux t'enverront dans la prairie élyséenne, aux bornes de la Terre [...]. Là, il est très facile aux hommes de vivre. Ni neige, ni longs hivers, ni pluie ; mais toujours le fleuve Okéanos envoie les douces haleines de Zéphyros, afin de rafraîchir les hommes[1]. »

Au Chant XI de cette épopée se trouve le *Livre de la mort*, qui constitue la première description intégrale, dans toute la littérature mondiale, d'une séance où un médium interroge les morts : dans une situation difficile, Ulysse veut utiliser ses facultés médiumniques pour entrer en contact avec le devin Tirésias. L'apparition de sa mère décédée est un passage particulièrement frappant. Le héros, empli de joie, veut prendre sa mère dans ses bras, mais l'apparition le repousse.

« ... et je voulus embrasser l'âme de ma mère morte. Et je m'élançai trois fois, et mon cœur me poussait à l'embrasser, et trois fois elle se dissipa comme une ombre, semblable à un songe[2]. »

Le monde infernal de l'Hadès était considéré dans l'Antiquité non pas comme un lieu de damnation éternelle, mais comme le séjour des âmes après la mort ; il n'a été transformé en enfer véritable que plus tard, à l'époque chrétienne. Dans l'*Odyssée* d'Homère, le royaume des morts est décrit comme un monde voisin

1. Homère, *Odyssée*, Chant IV, 560 et suivants, traduction de Leconte de Lisle modifiée.
2. *Ibid.*, *Odyssée*, Chant XI, 205 et suivants.

du monde terrestre, dont la partie souterraine forme les Enfers, tandis que le ciel constitue les champs Élysées.

On trouve des récits écrits d'expériences de mort imminente remontant à l'Antiquité, où ils étaient diffusés à des fins religieuses. Les œuvres des poètes de l'époque abondent en indications renvoyant à ces phénomènes. L'une des plus célèbres EMI de l'Antiquité est le mythe d'Er le Pamphylien, au livre X de la *République* de Platon. Er, guerrier pamphylien, tombe lors d'une bataille, et traverse les mondes de l'au-delà. Au bout de plusieurs jours, il revient à la vie, alors que son corps est déjà sur le bûcher pour y être brûlé, et raconte ce qu'il a vu dans l'au-delà. Voici des extraits résumant la narration très détaillée de Platon : « Après avoir abandonné son corps, il arriva dans un lieu de l'au-delà, percé de quatre gigantesques ouvertures… Entre celles-ci se tiennent les juges, proclamant chaque jugement : ceux qui ont été déclarés justes sont autorisés à monter aux cieux, portant sur la poitrine un écriteau indiquant leur jugement, tandis que les injustes sont condamnés à aller à gauche, vers les abîmes, portant dans le dos l'écriteau indiquant leur infamie. Les juges permirent à Er de s'approcher, et lui expliquèrent qu'il devait rapporter aux hommes ce qu'il avait vu ici ; ils l'incitèrent à écouter et observer attentivement la suite des événements… ceux qui venaient du ciel parlaient de la joie et de la béatitude incommensurables qui leur ont été accordées[1]. »

Platon reprend la description d'Homère, mais remplace le monde désolé de l'Hadès par une survie personnelle liée aux actions de la vie passée. Il développe

1. Platon, *République X*, 614b et suivants, traduction R. Baccou, GF.

par la suite une théorie de la réincarnation selon laquelle toute âme doit boire l'oubli dans l'eau du Léthé avant de se réincarner. Dans la célèbre allégorie de la caverne, il décrit la vie terrestre comme un monde d'obscurité. La réalité de l'au-delà ne saurait être comparée à la réalité terrestre, qui n'en est qu'un vague reflet. Tous les rites et mystères de l'époque sont donc une préparation à la mort ; c'est pourquoi, en Grèce antique, on s'exerçait à se défaire de son corps de son vivant même. Les Grecs avaient développé des techniques permettant de réaliser des expériences de conscience élargie très proches d'une expérience de mort imminente classique.

Les conceptions homériques et platoniciennes ont influencé les représentations de l'au-delà de la Rome antique. Dans l'*Énéide* de Virgile, Énée voyage aux Royaume des morts, accompagné de la Sibylle, de manière analogue à ce que décrit Homère. Il faut d'abord traverser les contrées souterraines des Enfers avant d'apercevoir le paradis. C'est là que la Sibylle confie à Énée la loi fondamentale de la doctrine antique sur la mort.

« Nuit et jour, la porte du sombre Pluton est ouverte ;

Mais revenir sur ses pas et s'échapper vers les brises d'en haut,

Voilà l'épreuve, voilà la difficulté. Peu nombreux y sont parvenus

De ceux qui furent chers à Jupiter le juste, ou emportés vers l'éther

Par l'ardeur de leur vertu, vrais fils de dieux[1]. »

---

1. Virgile, *Énéide*, Chant VI, 127-131.

Virgile reprend également la doctrine platonicienne de la réincarnation. Les âmes des trépassés ne séjournent qu'un temps au Royaume des morts, et reviennent ensuite sur la Terre. L'*Énéide* l'affirme sans aucune ambiguïté :

« Jusqu'à ce qu'une longue période, une fois achevé le cycle du temps,

Ait réduit à rien l'infecte concrétion, et laisse enfin purifiés

L'esprit éthéré et le feu du souffle sans mélange.

Lorsque durant mille ans toutes ces âmes ont fait rouler la roue du temps,

Un dieu appelle leur immense troupe près du fleuve Léthé,

Pour que, sans se souvenir du passé, elles revisitent à nouveau

Les sphères supérieures et commencent à vouloir se réincarner[1]. »

L'hindouisme

La pensée religieuse de l'hindouisme et du bouddhisme s'exprime tout entière dans l'affirmation de la réincarnation comme loi immuable de l'univers. La multiplicité des dieux de l'hindouisme, vertigineuse du point de vue des Occidentaux, se compose d'entités issues du fondement originel divin, qui sont donc toutes des déclinaisons de l'« un ». Cet être absolu, sans commencement ni fin, est appelé Brahmâ dans la culture indienne. Chacun participe, par l'étincelle divine qu'il porte en soi, de la lumière de la divinité.

1. Virgile, *Énéide*, Chant VI, 744-751.

Cette étincelle, appelée Atman, constitue le Moi supérieur, par opposition au Je humain. Selon ces croyances, l'homme accède à Dieu en se reconnaissant lui-même.

Le Je ne fait pas partie du noyau véritable de l'être humain, contrairement à l'Atman, partie de l'être divin éternel (le Brahmâ). Voici ce qu'en dit la *Bhagavad-Gîtâ*, le chant du sublime Krishna, la manifestation terrestre du divin : « Sache que ne peut être anéanti ce qui pénètre le corps tout entier ; nul ne peut détruire l'âme impérissable[1]. » L'âme est conçue comme le support de l'esprit. Selon l'hindouisme, la formation du Moi supérieur ne peut être achevée en une seule vie. L'âme est soumise à des transmigrations jusqu'à ce qu'elle parvienne à s'extraire du cycle des renaissances (Samsâra) ; elle se libère alors, en réintégrant l'origine divine.

La *Bhagavad-Gîtâ* explique comment l'homme peut réaliser ce but éternel : « Celui que les plaisirs matériels n'attirent plus, qui n'est plus esclave de ses désirs, qui a rejeté tout esprit de possession, et qui s'est libéré du faux ego peut connaître seul la sérénité parfaite. Tels sont les modes de la spiritualité. Qui s'y établit, fût-ce à l'instant de sa mort, sort de sa confusion, et le royaume de Dieu s'ouvre pour lui[2]. »

Les vies ultérieures sont déterminées par le Karma, qui est formé par les conséquences que nos propres pensées, paroles et actions ont sur nous-mêmes. D'après cette croyance, tous les événements des vies à venir ont leur origine dans les actions passées. Chacun est donc toujours responsable de son propre destin. En

1. *Bhagavad-Gîtâ*, Chant II, Verset 17.
2. *Ibid.*, Chant II, Versets 71-72.

vertu du principe éternel des causes et des effets dans l'ordre spirituel, tout homme est la cause des conditions et événements de sa vie.

Les EMI actuelles, déroulant le film de la vie, attestent elles aussi de la responsabilité personnelle de chacun. Il n'y a jamais de hasard : chacun récolte ce qu'il sème. Seules la conscience de son devoir et l'action désintéressée permettent à l'âme de se libérer du cycle des renaissances. Après la mort, l'âme se trouve en état d'attente, dans un environnement qui correspond aux actes de la vie passée. Comme dans toutes les représentations de l'au-delà, les hommes mauvais sont envoyés en enfer. Pour un Hindou, l'instant de la mort, au moment où l'âme quitte le corps, est d'une importance cruciale. La *Bhagavad-Gîtâ* conseille les vivants sous forme d'un poème mystique : « À l'heure de la mort, lorsque l'homme délaisse son corps, sa conscience doit entièrement s'élever en moi, sois-en certain. Habitue-toi fermement à pratiquer l'oubli de soi, et ne te laisse pas distraire par les sens. Ainsi, tu rejoindras le Seigneur, celui qui répand la lumière et qui est le plus haut[1]. »

La religion hindoue est loin d'être unifiée ; pourtant, malgré la multiplicité des dieux, tous les textes sacrés attestent de la croyance en un dieu suprême unique, tel qu'on l'a présenté.

Le bouddhisme

Le bouddhisme affirme que seule la rédemption permet de se libérer du cycle des renaissances. L'une

1. Cité d'après Jakoby, *Auch Du lebst ewig* (« Toi aussi tu vis éternellement »), Munich, 2007.

des thèses fondamentales du Bouddha est que tout attachement aux choses de ce monde provoque une douleur et empêche une libération.

Le bouddhisme originel, appelé bouddhisme Hinayana (du Petit Véhicule), qui restreignait la possibilité du salut à un nombre limité de fidèles, s'est transformé au cours des cinq premiers siècles de notre ère en bouddhisme dit Mahayana (du Grand Véhicule), selon lequel chacun peut atteindre l'illumination. Ananda, l'un des disciples favoris du Bouddha historique, décrit dans le *Sukhavati* (Pays Bienheureux) son voyage dans l'au-delà, dont les images correspondent tout à fait aux représentations occidentales du paradis : « De chaque lotus en pierres précieuses émanent trois millions six cent mille rayons lumineux… ceux qui sont nés et naîtront en ce pays de Sukhavati sont doués de couleurs, de force, de hauteur, de largeur, de puissance, de vertus ; leurs vêtements, leurs parures, leurs jardins, leurs palais et leurs maisons sont pleins de joie, de satisfaction des sens, bref, de tous les plaisirs. »

Plus intéressant vis-à-vis de notre sujet est le bouddhisme tibétain, dont *Le Livre des morts* contient l'une des descriptions les plus fines de l'expérience du décès et de ce qui s'ensuit. Pour le bouddhisme, la vie et la mort forment une totalité, une suite de réalités transitoires en permanente transformation. Selon cette conception, il y a, dans la vie comme dans la mort, des moments où il est possible de parvenir à une illumination, mais plus particulièrement au moment du trépas.

Le Livre des morts tibétain a été consigné par écrit pour la première fois au VIIIe siècle de notre ère, à partir d'une très ancienne doctrine secrète sur les diverses étapes de la mort, transmise oralement. Les moines tibétains s'asseyaient au chevet des mourants et leur décrivaient ce qu'ils observaient des processus internes et externes de la mort. Exercés par une vie entière de méditation, ces moines bouddhistes étaient capables de percevoir les évolutions subtiles à l'œuvre au moment du décès. Ils avaient ainsi un aperçu des expériences par lesquelles passe l'âme après sa mort terrestre.

À la lecture du *Livre des morts tibétain*, on est frappé d'observer à quel point les mécanismes internes et externes en jeu lors du trépas sont transparents pour les moines. Le déroulement de la mort aboutit à une résolution des quatre éléments : terre, feu, eau et air. Le concept clé sur lequel s'articule *Le Livre des morts* est le *bardo*, état intermédiaire passé dans l'au-delà entre chaque vie. À l'instant de son décès, tout homme a la possibilité de parvenir à l'enseignement de Moïse. L'homme y découvre le caractère limité de sa propre vie, conséquence du péché d'Adam et Ève contre les lois divines. Le royaume des morts est décrit de manière très sombre dans l'Ancien Testament. Le *Shéol* – littéralement, tombeau – est perçu comme un royaume des ombres désolé, séjour des trépassés. De manière générale, la mort était considérée comme une punition. Toutefois, peu à peu, s'est développée une croyance en la résurrection des morts, décrite par la suite dans le Livre de Daniel. Voici comment celui-ci parle de la fin des temps : « Et beaucoup de ceux qui dorment dans la poussière se réveilleront, les uns pour une vie éternelle, les autres pour les opprobres, pour la réprobation éternelle. Ceux qui auront été intelligents brilleront comme la splendeur du firmament et ceux qui en auront conduit beaucoup à la justice seront comme les étoiles, éternellement et toujours» (Daniel, 12, 2-3).

Dans le psaume 73, on trouve également un aperçu individuel sur la vie après la mort : «Tu me conduiras par ton conseil, et, après la gloire, tu me recevras» (Psaume 73, 24).

On voit donc qu'au fil du temps a peu à peu éclos l'espérance en une vie de lumière dans l'au-delà. Les anciens juifs avaient déjà connaissance des subtils mouvements à l'œuvre lors du trépas. Ils connaissaient parfaitement le cordon d'argent, qui maintient ensemble l'âme et le corps. Une fois ce lien rompu, l'âme ne peut plus regagner le corps. Dans le livre de l'Ecclésiaste, il est affirmé : «Avant que lâche le fil d'argent, que la coupe d'or se brise, que la jarre se casse à la fontaine, que la poulie se rompe au puits et que la poussière retourne à la terre comme elle en est venue, et le souffle à Dieu qui l'a donné» (Ecclésiaste, 12, 6-7).

À l'instant du trépas, l'âme se sépare du corps lorsque le fil d'argent est irrémédiablement coupé ; c'est elle qui migre vers l'au-delà, porteuse du souffle vital.

L'une des clés de la foi juive est la croyance en l'avènement du royaume des cieux sur Terre, qui se réalisera par la venue du messie. Les commentaires des écritures sacrées sont compilés dans le Talmud et les *Midrashim*. Dans la description des expériences transcendantes, l'Ancien Testament s'en tient à des récits sobres et factuels, mais on trouve aussi, dans les Apocryphes ou dans l'Apocalypse, des récits dont la structure repose sur la connaissance de véritables expériences de mort imminente. L'espoir, formulé dans les textes du judaïsme tardif, d'une vie après la mort, est traditionnellement considéré comme étant la base de la croyance des chrétiens primitifs dans la résurrection.

« Et Hénoch dit : et je parvins au jardin de justice. [...] Il y avait là aussi l'arbre de la science, dont les fruits illuminent l'intelligence de celui qui s'en nourrit. [...] Ensuite, je m'avançai vers les confins de la Terre ; là, je vis de grandes bêtes, d'apparences diverses, des oiseaux différents de formes et d'aspect, et doués de voix différentes. [...] Et j'aperçus les limites de la Terre, et l'endroit où le ciel se pose. Les portes du ciel étaient ouvertes. Ensuite, mon esprit s'est élevé jusqu'aux cieux ultimes. Je vis deux fleuves d'un feu brillant comme l'hyacinthe. [...] Il me montra toutes les choses cachées [secrètes] des limites du ciel, les réceptacles des étoiles, des rayons lumineux, d'où ils viennent en présence des saints. Et il cacha mon esprit et moi, Hénoch, je fus dans le ciel des cieux. Là, j'aperçus, au milieu de la lumière, un édifice [...] bâti avec des pierres de cristal. Et, au milieu de ces pierres, il y avait des langues d'un feu vivant. Et je vis des anges innombrables, des milliers de milliers, des myriades de myriades, qui entouraient cette habitation. Avec eux était l'ancien des jours, dont la tête était blanche et pure comme la laine, et dont le vêtement blanc est impossible à décrire[1]. »

L'islam

La conception musulmane fait elle aussi de la résurrection des morts la première étape du Jugement

1. Livre d'Hénoch, extraits des chapitres 31, 32 et 69.

dernier. Les actions sont pesées dans une balance, et Allah juge chacun en fonction de ses actes, de ses paroles et de ses pensées. De nombreuses religions décrivent la pesée des âmes de manière analogue. L'anthropologue Mircea Eliade écrit que la conception d'une justice cosmique universelle qui punit l'homme, même quand aucun juge terrestre ne l'atteint, trouve son expression la plus nette dans l'image de la pesée des âmes.

La Sourate 52 nous renseigne sur la manière dont l'islam conçoit l'au-delà : « Les pieux seront dans des jardins et dans des délices, se réjouissant de ce que leur Seigneur leur aura donné, et leur Seigneur les aura protégés du châtiment de la fournaise. "En récompense de ce que vous faisiez, mangez et buvez en toute sérénité, accoudés sur des lits bien rangés." [...] Et Nous ne diminuerons en rien le mérite de leurs œuvres, chacun étant tenu responsable de ce qu'il aura acquis » (17-21).

Comme dans bien d'autres religions, l'au-delà tel que l'envisage l'islam est marqué par le ciel et l'enfer. Lors du Jugement dernier, chacun devra comparaître devant Dieu, et est moralement responsable de sa vie. Le livre de l'islam est le Coran, écrit par le prophète Mahomet (né en 570 après J.-C. à La Mecque) sous l'inspiration divine. Les expériences transcendantes du Prophète sont comparables aux EMI contemporaines.

Un indice particulier est la description de Dieu dans le Coran, malgré le strict interdit que l'islam impose aux représentations imagées. La métaphore de la lumière qu'il emploie suggère fortement une expérience extracorporelle du Prophète : « Allah est la lumière des cieux et de la Terre. Sa lumière est semblable à une niche où se trouve une lampe. La lampe est dans un (récipient de) cristal et celui-ci ressemble à un astre de grand éclat ; son combustible vient d'un arbre béni : un olivier, ni oriental ni occidental, dont l'huile semble éclairer sans même que le feu la touche. Lumière sur lumière. Allah guide vers Sa lumière qui Il veut. Allah propose aux hommes des paraboles et Allah est omniscient » (Sourate 24, 35).

L'ouvrage intitulé *Livre des morts selon l'islam* donne une présentation très approfondie des espérances en l'au-delà dans la culture islamique. D'auteur inconnu, l'ouvrage n'est pour l'instant pas datable. Le chapitre intitulé « À propos de l'esprit après sa séparation d'avec le corps » décrit en détail la manière dont l'âme observe, après le trépas, le corps que l'on transporte et veille. Le défunt perçoit les choses comme lors d'une expérience extracorporelle classique. Le récit est centré sur le ressenti intérieur de la personne qui vient de mourir : « C'est la dernière fois que je les vois, car je suis séparé d'eux, et je ne les reverrai plus jamais jusqu'au jour de la résurrection. Vous qui m'accompagnez, ne vous pressez pas avec moi, que je puisse prendre congé de ma maison, de mes proches, de mes enfants, de ma fortune[1]. » Là encore, on retrouve dans l'islam le caractère universel de l'expérience de la mort.

La chrétienté

Dans l'Ancien Testament, c'est par une expérience du divin que Moïse trouve sa vocation. Cette expérience constitue la base de toute la suite de son action, et revêt donc une signification centrale.

1. Ghazali, *Le Livre des Morts selon l'islam*, Lyon, éd. Alif, 1995.

« Et l'ange de l'Éternel lui apparut dans une flamme de feu, au milieu d'un buisson. Moïse regarda ; et voici, le buisson était tout en feu, et le buisson ne se consumait point [...]. Et il ajouta : Je suis le Dieu de ton père, le Dieu d'Abraham, le Dieu d'Isaac et le Dieu de Jacob. Moïse se cacha le visage, car il craignait de regarder Dieu » (Exode 3, 2-6).

Dieu se donne à voir en une apparition lumineuse, qui présente des parallèles clairs avec les EMI contemporaines. Il s'agit ici de toute évidence d'une expérience intérieure, d'où naît la vocation de Moïse pour réaliser l'œuvre de sa vie.

Dès ses premières pages, la Bible parle de relations avec des êtres spirituels, de rencontres avec des défunts, des anges ou des apparitions divines.

Dans le Livre de Job, vraisemblablement l'un des plus anciens de la Bible, on trouve un récit concret de l'apparition d'esprits. Un défunt apparaît en rêve à Éliphaz, l'un des amis qui donnent des conseils à Job. Le lendemain, celui-ci parle d'un mystérieux visiteur venu chez lui la nuit : « Une parole est arrivée furtivement jusqu'à moi, et mon oreille en a recueilli les sons légers. Au moment où les visions de la nuit agitent la pensée, quand les hommes sont livrés à un profond sommeil. [...] Une figure d'un aspect inconnu était devant mes yeux, et j'entendis une voix qui murmurait doucement » (Job 4, 12-13 et 4, 16).

L'un des plus célèbres récits bibliques relatant un contact médiumnique avec les morts est la rencontre de Saül avec la sorcière d'Endor. Encerclé par les ennemis d'Israël, le roi est dans une grande détresse. À la suite du décès de son protecteur, le prophète Samuel, il a fait chasser de son royaume tous les nécromanciens et les voyants. Ayant alors l'impression que Dieu l'a abandonné, il se déguise et se fait conduire à la sorcière d'Endor. Il espère entrer en contact avec Samuel pour que celui-ci lui révèle son destin. La sorcière reconnaît Saül et invoque à présent Samuel : « Le roi lui dit : "Ne crains rien ; mais que vois-tu ?" La femme dit à Saül : "Je vois un esprit qui monte de la terre." Il lui dit : "Quelle figure a-t-il ?" Et elle répondit : "C'est un vieillard qui monte et il est enveloppé d'un manteau." Saül comprit que c'était Samuel, et il s'inclina le visage contre terre et se prosterna » (Samuel 1, 28, 12-14).

Par le détail de ses vêtements, Saül reconnaît qu'il est entré directement en contact avec son protecteur. Celui-ci, dérangé dans son repos, lui prédit : « Demain, toi et tes fils, vous serez avec moi, et l'Éternel livrera le camp d'Israël entre les mains des Philistins » (Samuel 1, 28, 19).

Le premier livre de Samuel s'achève sur la mort de Saül. Lui et ses fils se suicident pour ne pas tomber aux mains de leurs ennemis. Dans ce passage historique de la Bible, les morts se présentent sous le même aspect que celui qu'ils avaient de leur vivant.

L'espérance chrétienne en la résurrection est symbolisée dans le Nouveau Testament par la mort de Jésus sur la croix, que l'on peut comprendre comme l'abolition de toutes les frontières et la réunion avec Dieu ; la crucifixion exprime la vérité de la mort de l'homme. Face à la perspective de la mort, le sujet mourant s'éveille à l'amour, et se sent protégé et soutenu. Celui qui parvient à y consentir pourra accepter sa mort et ainsi mourir en paix. Dieu se révèle comme la pure puissance de l'amour et comme la véritable lumière de l'univers.

Dans le *credo*, les chrétiens professent: «Je crois à la résurrection de la chair et à la vie éternelle.»

Dans l'Évangile selon saint Marc, le Jésus historique répond à la question par ces mots: «Pour ce qui est de la résurrection des morts, n'avez-vous pas lu, dans le livre de Moïse, ce que Dieu lui dit, à propos du buisson: "Je suis le Dieu d'Abraham, le Dieu d'Isaac, et le Dieu de Jacob"? Dieu n'est pas Dieu des morts, mais des vivants» (Marc 12, 26-27).

La vie et la mort ne sont que des états de conscience différents, qui se réunissent en Dieu, soutenus par son amour. Toute âme porte en elle sa participation à l'éternité. La résurrection du Christ présentée dans le Nouveau Testament témoigne de cette même continuité de la conscience dont chacun fait l'expérience au moment de sa mort.

D'autre part, une analyse des quatre Évangiles canoniques permet de mettre en évidence diverses formes de contacts *post-mortem*, que nous retrouvons aujourd'hui encore. Jésus est perçu comme une présence par ses disciples, il leur apparaît sous forme de corps spirituel, et peut ensuite se matérialiser, comme en témoigne le récit de Thomas l'incrédule. Celui-ci ne peut croire à la résurrection qu'une fois qu'il a pu toucher les plaies de Jésus.

Avec la résurrection de Jésus-Christ, les Évangiles présentent des éléments fondamentaux permettant de connaître ce qui se produit au moment de la mort et après. Autre point typique: l'incrédulité et la peur qui empêchent les disciples d'admettre la réalité des faits. Les récits sur la résurrection ne doivent absolument pas être pris comme des allégories, mais comme des témoignages véritables sur la réalité de la vie après la mort. On voit d'ailleurs que la résurrection ne se produit pas lors du Jugement dernier, comme le pensent nombre de chrétiens, mais que la continuité de la conscience de soi s'éprouve à l'instant même de sa mort. Ce point a même été évoqué par le pape Jean-Paul II lors d'une audience générale au Vatican : « On ne doit d'ailleurs pas s'imaginer que la vie après la mort ne commence qu'au moment de la résurrection de la fin des temps. Celle-ci est en effet précédée par cet état particulier dans lequel se trouve chaque être humain à partir du moment de sa mort. Il s'agit d'une phase de transition, où la disparition du corps s'accompagne de la permanence d'un élément spirituel, pourvu de conscience et de volonté, si bien que le "Je" humain demeure, tout en étant naturellement privé d'être corporel à part entière[1]. »

L'espérance chrétienne en la résurrection est formulée par Paul dans la Première Épître aux Corinthiens :

« Ainsi en est-il de la résurrection des morts. Le corps est semé corruptible, il ressuscite incorruptible ; il est semé méprisable, il ressuscite glorieux ; il est semé infirme, il ressuscite plein de force ; il est semé corps animal, il ressuscite corps spirituel » (15, 42-44).

Les propos de saint Paul permettent avant tout de conclure que la résurrection n'est pas de nature matérielle, mais s'effectue dans un corps éthéré, comme le confirme sa propre expérience extracorporelle, relatée dans la Seconde Épître aux Corinthiens : « Je connais

1. *Cf. Osservatore Romano*, n° 45, 6 novembre 1998.

un homme en Christ, qui fut, il y a quatorze ans, ravi jusqu'au troisième ciel (si ce fut dans son corps je ne sais, si ce fut hors de son corps je ne sais, Dieu le sait). Et je sais que cet homme (si ce fut dans son corps ou sans son corps je ne sais, Dieu le sait) fut enlevé dans le paradis, et qu'il entendit des paroles ineffables qu'il n'est pas permis à un homme d'exprimer» (12, 2-4).

La transformation de Saül en Paul est également intéressante pour le sujet qui nous occupe: «Comme il était en chemin, et qu'il approchait de Damas, tout à coup une lumière venant du ciel resplendit autour de lui. Il tomba par terre, et il entendit une voix qui lui disait: "Saül, Saül, pourquoi me persécutes-tu?" Il répondit: "Qui es-tu, Seigneur?" Et le Seigneur dit: "Je suis Jésus que tu persécutes[1]."»

Après cette apparition lumineuse de Jésus, Paul est aveugle pendant trois jours; puis, saisi par l'Esprit Saint, il se mue de persécuteur en apôtre du Christ. De même, dans les expériences de mort imminente actuelles, on observe parfois un changement radical de personnalité, provoqué par la rencontre avec la lumière. Cette même métaphore de la lumière traverse l'Apocalypse de Jean, qui s'achève sur la proclamation du royaume de Dieu, nouvelle Jérusalem.

«Et il me transporta en esprit sur une grande et haute montagne. Et il me montra la ville sainte, Jérusalem, qui descendait du ciel d'auprès de Dieu, ayant la gloire de Dieu. Son éclat était semblable à celui d'une pierre très précieuse, d'une pierre de jaspe transparente comme du cristal. Elle avait une grande et haute muraille. Elle

1. Actes des Apôtres 9, 3-6.

avait douze portes, et sur les portes douze anges, et des noms écrits, ceux des douze tribus des fils d'Israël. [...] La ville avait la forme d'un carré, et sa longueur était égale à sa largeur. Il mesura la ville avec le roseau, et trouva douze mille stades ; la longueur, la largeur et la hauteur en étaient égales. [...] La muraille était construite en jaspe, et la ville était d'or pur, semblable à du verre pur. Les fondements de la muraille de la ville étaient ornés de pierres précieuses de toute espèce : le premier fondement était de jaspe, le second de saphir, le troisième de calcédoine, le quatrième d'émeraude, le cinquième de sardonyx, le sixième de sardoine, le septième de chrysolithe, le huitième de béryl, le neuvième de topaze, le dixième de chrysoprase, le onzième d'hyacinthe, le douzième d'améthyste. Les douze portes étaient douze perles ; chaque porte était d'une seule perle. La place de la ville était d'or pur, comme du verre transparent. Je ne vis point de temple dans la ville ; car le Seigneur Dieu tout-puissant est son temple, ainsi que l'agneau. La ville n'a besoin ni du soleil ni de la lune pour l'éclairer ; car la gloire de Dieu l'éclaire, et l'agneau est son flambeau[1]. »

Cette description tirée de l'Apocalypse de Jean est fascinante en ce qu'elle correspond à une EMI actuelle. La métaphore de la lumière, le fait de sentir tout son être baigné dans la lumière divine, qui exprime la communion avec l'univers entier, est un point que nous examinerons plus en détail dans la suite de cet ouvrage. Nous en verrons de nombreux exemples dans les multiples témoignages de personnes ordinaires à qui nous

1. Apocalypse 21, 10-23.

donnons la parole tout au long du livre. La Jérusalem céleste symbolise le retour du Christ et la restauration de l'unité originelle entre Dieu et l'homme. Lorsque Dieu s'éveillera en l'homme, toutes les frontières et les illusions terrestres seront abolies. Telle est la transmutation de la conscience, déjà éprouvée à l'heure actuelle par de très nombreuses personnes.

Le Moyen Âge

Depuis les origines de l'Église jusqu'à l'époque moderne en passant par le Moyen Âge, d'innombrables récits d'extension du champ de la conscience et d'expériences de l'au-delà nous ont été transmis. Leur nombre est tel qu'il nous est impossible de tous les présenter dans le cadre de ce livre. Je vais toutefois présenter brièvement quelques grandes lignes essentielles.

Aux premiers temps du christianisme, l'*Apocalypse* dite de Paul, écrite au IIIe siècle après Jésus-Christ, a exercé une puissante influence. Ce texte décrit concrètement le voyage de Paul dans l'au-delà, qui n'est évoqué que prudemment par une allusion à son expérience extracorporelle dans la Seconde Épître aux Corinthiens.

Paul observe trois âmes qui s'échappent de son corps, et les suit dans leur périple dans l'au-delà. Il commence par se voir sur son lit de mort, puis est confronté à une mise en scène de jugement, semblable à celles que l'on trouve par la suite dans les *Ars moriendi* (« Art de bien mourir »). C'est dans la mort que se révèle le véritable caractère de chacun : les bonnes et mauvaises actions de chacun sont pesées.

Pourtant, on voit, dès les premiers textes du christianisme, que la mort est conçue avant tout comme une rencontre avec soi-même. Le tribunal que les traditions religieuses les plus diverses ont présenté pendant des millénaires comme redoutable n'est, en son essence, rien d'autre que la vision du déroulement de sa vie qu'éprouvent ceux qui, de nos jours, connaissent une EMI. Dans la vision de saint Paul présentée dans son *Apocalypse*, celui-ci visite le paradis et la cité du Christ. Au troisième Ciel, il aperçoit l'ange, être de lumière. « Et je levai les yeux au ciel et vis d'autres anges, dont l'aspect étincelait comme le soleil, ceints de ceintures dorées, et portant dans la paume de leurs mains le signe de Dieu, leur costume couvert du nom du Fils de Dieu, et pleins de douceur et de miséricorde. »

Il est ensuite guidé à travers l'enfer, dont les tourments sont décrits avec une cruauté particulière dans les versions médiévales du texte. Ces descriptions infernales avaient pour visée didactique d'inciter les hommes à se tourner vers Dieu de leur vivant.

Le pape Grégoire le Grand (540-603) est l'auteur de nombreux écrits spirituels. Ses *Dialogues* ont profondément influencé les débats sur les miracles et les visions au Moyen Âge. Aujourd'hui, ce livre peut être considéré comme le premier recueil de cas d'EMI. Au Livre Quatre, il donne des preuves de l'immortalité de l'âme. Dans certains cas, le pape Grégoire parle en personne avec le témoin. Le recueil comporte tous les éléments des récits modernes, mais disposés de différentes manières. Les récits médiévaux présentent un peu plus souvent des visions négatives du diable, mais la plupart évoluent en expériences positives. Les témoins rapportent plus souvent des visions d'anges ou de saints que de proches décédés. Voici un exemple typique tiré des témoignages collectés par Grégoire : « Il dit – et la chose est largement connue depuis lors – qu'il se trouvait face à un pont, sous lequel coulait un fleuve noir, lugubre, d'où émanait un nuage pestilentiel. Le pont était couvert d'aimables prairies verdoyantes, ornées de fleurs parfumées, et sur lesquelles semblent se tenir des gens vêtus de blanc. L'odeur qui régnait là était si agréable que ceux qui habitaient et se promenaient là en étaient entièrement pénétrés. Chacun avait sa maison tout illuminée d'une merveilleuse lumière. »

On trouve quantité de visions de ce type dans toute la littérature du Moyen Âge. Le missionnaire anglais Boniface précise dans un témoignage personnel : « Il dit en effet que la douleur de cette grave maladie l'avait soudainement libéré de la pesanteur corporelle. Et il dit que c'est tout à fait comme si un homme, doué de sa vue et éveillé, avait les yeux bandés, et qu'on lui retirait tout à coup le bandeau, et qu'il se mettait à voir clairement ce qui lui était resté jusqu'alors caché, voilé et inconnu. De même, lorsque les voiles de la chair terrestre sont tombés, le monde entier s'est révélé à son regard. Et, une fois sorti de son corps, il a été accueilli par des anges si clairs, si lumineux, qu'il n'a pas du tout pu les regarder. Ils chantaient d'une voix heureuse et harmonieuse, et l'ont emmené au ciel[1]. »

Voici un autre exemple, datant de l'époque des Mérovingiens : « Par deux anges je fus enlevé au sommet des cieux, si bien qu'il me semblait que se

1. Dinzelbacher P., *An der Schwelle des Jenseits. Sterbevisionen im interkulturellen Vergleich* (« Sur le seuil de l'au-delà. Visions de la mort, une comparaison interculturelle », non traduit), Fribourg, 1989.

déroulait sous mes pieds non seulement ce monde souillé, mais encore le soleil, la lune, les nuées et les étoiles. Je fus ensuite conduit par une porte jusqu'à une cité dont toute la surface semblait resplendir comme l'or et l'argent, une lumière indescriptible, d'une taille indicible. Parmi une foule immense, je parvins en un lieu surmonté d'un nuage, plus clair que toute lumière, et d'où provenait une voix[1]. »

Fondamentalement, toutes les expériences de séparation de l'âme et du corps ont la même structure, jusqu'à aujourd'hui. Le sujet quitte le monde terrestre et passe d'une obscurité ou d'un tunnel à une clarté. Il rencontre des proches décédés ou des êtres de lumière. On note toutefois qu'au Moyen Âge, les récits parlent plus souvent de rencontres avec des saints qu'avec des défunts, même si la présence de forces démoniaques et hostiles est très prégnante.

La rencontre avec la lumière est constamment décrite comme une source de bonheur, d'apaisement et de béatitude. Tous les récits insistent sur le fait que chacun est responsable de son existence, ce qui est symbolisé par la vision rétrospective de sa vie ou par des scènes de jugement. La plupart des sujets veulent demeurer dans l'au-delà, mais sont renvoyés dans leur corps contre leur gré.

Dans son étude sur la comparaison interculturelle des visions de la mort, le professeur Peter Dinzelbacher écrit : « Il n'y a en effet quasiment aucun détail des visions modernes éprouvées au moment de la mort que l'on ne puisse retrouver dans les visions médiévales, qu'il s'agisse des musiques joyeuses entonnées,

1. *Ibid.*

de la vision de fleuves de l'au-delà, du mur d'argent, de la sensation de profonde paix intérieure, de l'abolition de la perception ordinaire du temps, des objets indicibles qui s'offrent au regard, etc.[1]. »

L'unique différence entre les phénomènes actuels et médiévaux tient à leurs interprétations culturelles distinctes. Au Moyen Âge, les hommes s'attendaient à trouver des anges, des démons, évoqués dans les sermons ou présentés sur les images et sculptures. Les questions de rétribution des actions dans l'au-delà dominaient les doctrines de l'époque, et le quotidien était empreint d'une dureté à peine concevable de nos jours. De petits méfaits, tels que de menus larcins, étaient punis par des mains coupées ou une mutilation des organes sensoriels.

D'autre part, la peste noire a ravagé l'Europe, et l'Inquisition a poussé des millions de personnes dans une obsession du diable. Ce n'est pas par hasard que les historiens ont qualifié le Moyen Âge d'époque de la peur. Celle-ci était particulièrement marquée au cours des dernières heures de la vie, sur le lit de mort. Des démons et des diables tentaient encore d'attirer l'âme en enfer. À l'agonie, l'homme était soumis en permanence à de nouvelles tentations. Voici un récit typique, daté du XIIIe siècle : « Tandis qu'approchait pour elle l'heure de mourir, lui apparurent notre Seigneur et notre Dame, qui lui assurèrent qu'elle n'irait point en un lieu de souffrances, mais alors l'esprit malin tenta une manigance, et lui apparut sous un aspect si effrayant et si gigantesque que sa tête atteignait le plafond de la chambre. Elle en fut terrifiée au plus haut point[2]. »

1. *Ibid.*
2. *Ibid.*

Au cours des siècles suivants, l'Église catholique classa les visions d'agonie parmi les révélations personnelles. La Bible était ainsi confortée comme unique parole de Dieu, et était tenue pour une révélation définitive.

La mystique

Les expériences de mort imminente constituent des événements spirituels d'une extrême intensité, qui sont en leur essence de nature mystique, notamment lorsque le sujet rapporte une fusion en Dieu. La mystique repose sur l'expérience spontanée d'une réalité plus vaste, élargie par-delà les horizons limités du quotidien. Au cours de l'expérience mystique, l'homme accède à la perception d'une réalité qui reste dissimulée à la conscience ordinaire.

La contemplation de cette réalité permet de trouver des réponses aux questions sur le sens de la vie et de notre destin, sur notre origine et notre destination. Tout un chacun peut réaliser de telles expériences, indépendamment de ses convictions et de ses dogmes religieux. En son cœur, la mystique est un état de conscience élargie, semblable à celui que l'on éprouve au cours d'une EMI. Au-delà de notre perception sensible limitée, on accède alors à un amour universel et à une connexion cosmique avec la totalité de l'Être.

Les grands mystiques vivaient souvent en marge des normes admises, certains étaient même persécutés en raison de leur manière de vivre et de concevoir le divin. Du fait de leur relation directe avec Dieu, ils étaient perçus comme une menace par l'Église instituée, qui se prétendait l'unique voie d'accès au savoir divin. C'est pourquoi la mystique n'a jamais fait partie des principaux courants de l'Église.

Que ce soient Hildegarde de Bingen, Maître Eckart, Mechthild (ou Mathilde) de Magdebourg ou encore Jakob Böhme, tous insistent constamment sur l'union avec Dieu. Voici ce qu'écrit Jakob Böhme : « Dans cette lumière, mon esprit perçut tout à coup l'univers entier. En chaque créature, en chaque brin d'herbe, il reconnut Dieu, il vit qui Il est, comme Il est, et quelle est Sa volonté[1]. »

Dieu est en tout. Il est tout et est omniprésent de toute éternité. Angèle de Foligno, mystique italienne, relate dans ses écrits : « Je vis que toutes choses n'étaient rien d'autre que la puissance divine, et ceci d'une manière tout à fait indescriptible, si bien que mon âme pleine d'étonnement s'écria : le monde entier est empli de Dieu[2] ! »

Chacun peut faire l'expérience de Dieu, car Il est en nous et nous sommes en Lui. Celui qui découvre en lui-même l'étincelle divine devient alors une parcelle consciente de l'étendue de Dieu, qui est présent partout et réside dans le cœur de chaque homme. Ainsi s'explique le désir de se fondre en Dieu tout en restant conscient de soi-même. C'est exactement ce qui revient sans cesse dans les récits d'expériences de mort imminente.

Sainte Thérèse d'Avila a très souvent éprouvé des états extatiques. Ce qu'elle décrit dans le passage

1. Freke T., Gandy P., *Die Welt der Mystik* (« Le monde de la mystique », non traduit), Munich, 2001.
2. *Ibid.*

présenté ici s'apparente à une EMI : « Il me sembla que j'étais emportée au ciel ; et les premières personnes que j'aperçus là furent mon père et ma mère. » Sainte Thérèse compare elle-même son expérience à la mort. Elle parle souvent du moment où son âme se libère, en un instant, de la prison de son corps et trouve immédiatement la paix. D'autre part, la révélation de choses sublimes que l'âme contemple dans ces états de ravissement semble présenter de fortes similitudes avec la séparation entre l'âme et le corps. L'âme, nous confie Thérèse, comprend à cet instant qu'elle est unie à Dieu ; il en reste une certitude si puissante que plus jamais elle ne veut se départir de cette croyance. « Je ne savais pas que Dieu était présent en toute chose, et il me paraissait impossible qu'il puisse être présent en moi aussi fortement que ce que j'ai ressenti à ce moment-là[1]. »

La voix authentique de la mystique dépasse les représentations conventionnelles et transcende l'espace et le temps. C'est ce même témoignage de la vérité éternelle de la lumière que nous transmettent les EMI. Une femme chez qui toute activité cérébrale avait cessé au cours d'une opération écrit : « Elle (la lumière) était intérieure et partout à la fois, elle imprégnait tout. C'était la lumière dont sont faites les auréoles des saints. C'est Dieu rendu visible : à l'intérieur, tout autour, partout[2]. »

Exactement comme sainte Thérèse, cette patiente ressent qu'elle ne fait qu'un avec Dieu.

---

1. Baigent M., *Spiegelbild der Sterne* (« Le Miroir des étoiles », non traduit), Munich 2001.
2. Zaleski C., *Nah-Todeserlebnisse und Jenseitsvisionen vom Mittelalter bis zur Gegenwart, op. cit.*

3

La naissance de la thanatologie

Le modèle en cinq phases

Il y a plus de quarante ans, en 1969, est paru le livre *Les Derniers Instants de la vie*, publié par la psychiatre suisse Elisabeth Kübler-Ross. Elle n'avait pas craint, bravant les tabous sur la mort, de s'asseoir auprès des mourants, et a eu le mérite de faire découvrir au grand public leurs besoins psychiques et humains. Elle a ainsi joué un rôle pionnier dans la thanatologie, ouvrant la porte à une approche scientifique de la mort.

Dans cet ouvrage devenu mondialement célèbre, Elisabeth Kübler-Ross établit une loi fondamentale du processus de la mort, qu'elle a développée à partir de ses expériences et observations personnelles au chevet des mourants. Elle élabore ainsi un modèle central décrivant les « cinq phases du mourir », allant de l'incapacité à admettre les faits à l'acceptation de l'approche de la mort. Chaque mourant doit parvenir à cette acceptation, afin de pouvoir partir en paix. Voici les étapes essentielles :

1. Le déni: face à un diagnostic de maladie mortelle, la première réaction est le plus souvent un état de choc. Le sujet se défend contre la réalité qui le menace et ne veut pas la percevoir. Il est renvoyé à lui-même et, le plus souvent, se met en retrait du monde qui l'entoure.

2. *La révolte et la colère*: lorsque le refoulement n'est plus possible et que le sujet est contraint d'admettre la réalité de l'approche de la mort, des sentiments violents de rage, de colère, de rébellion contre Dieu et le monde émergent alors à la surface de la conscience. La question que l'on se pose alors est: pourquoi moi? Cela se traduit par des comportements agressifs, une attitude consistant à récriminer en permanence et à critiquer tout le monde. Durant cette phase, le mourant est imprévisible et pénible.

3. *Le marchandage*: le patient en rage devient une personne agréable, sociable, qui espère pouvoir encore réaliser certaines choses et s'attelle à des projets laissés inachevés. Ce faisant, le mourant cherche à tergiverser avec lui-même et avec son destin. Cela se révèle à travers des assertions telles que: «Si je vis encore jusqu'à tel événement, je prierai régulièrement.»

4. *La dépression*: au bout d'un moment, le mourant comprend que son adieu à ce monde est inévitable. Il sait à présent qu'il mourra et devra laisser derrière lui tout ce qu'il tenait pour essentiel dans sa vie. Il en retire une grande tristesse et sombre dans un profond abattement, qui peut aller jusqu'à la dépression.

5. *L'acceptation*: après être passé par les hauts et les bas de ce parcours, il atteint enfin la paix et

la satisfaction. Le cheminement entier prend son sens dans le fait que le mourant puisse admettre et accepter sa mort. Une fois ce point atteint, il peut mourir en paix.

Tout au long de la pratique de l'accompagnement des mourants, la connaissance de ce modèle en cinq phases s'est avérée utile et efficace, et a permis de faire de nouvelles découvertes sur le processus à l'œuvre durant l'agonie. Divers auteurs ont tenté de remettre en cause les découvertes de Kübler-Ross, ou du moins d'en modifier la définition. On lui a en particulier reproché le caractère schématique de son modèle.

Pourtant, la connaissance de ces diverses phases est devenue une exigence fondamentale dans l'accompagnement au quotidien des mourants. D'autre part, ce modèle nous rappelle que nous devons nous mettre au clair dès maintenant des choses inachevées de notre vie.

Dans le contexte historique des années 1960, la mort était le grand tabou dont nul ne devait parler, selon le principe : « N'en parle pas, sinon elle viendra te faucher avant l'heure. » À l'époque, les mourants n'avaient pas d'identité. Par son travail, Kübler-Ross a permis de rendre visible l'intériorité humaine au moment de la mort.

Chaque patient suit un parcours vers la mort ayant sa dynamique propre : ce n'est jamais un processus rectiligne. Les phases s'entremêlent ou se superposent ; certains patients ne passent pas par toutes, celles-ci restant alors implicites. Les transitions entre les stades ne sont pas toujours observables d'emblée, tandis que parfois une phase survient brutalement. Le cheminement est l'expression d'une évolution progressive de l'attitude du sujet vis-à-vis de soi-même, et avant tout de sa capacité à accepter l'approche de la mort. Tout le va-et-vient des sentiments est lié à ce parcours vers le consentement spirituel au caractère inéluctable de la mort. Pour cela, l'essentiel est de travailler sur les problèmes non résolus de l'existence, notamment tout ce que nous n'avons pas réussi à dire ou faire, les sentiments que nous avons négligés ou ignorés, la douleur des pertes que nous n'avons pas su affronter. Tout cela s'exprime souvent à travers des sentiments de colère ou de rage.

Cette dernière phase de vie est pour beaucoup une étape de transformation, de mutation intérieure et de renouveau, que chacun éprouve d'une manière tout à fait personnelle.

L'idée d'un hospice spécialisé se répand

Au cours des années suivantes, Kübler-Ross a contribué, par ses travaux sur les besoins des mourants, à propager dans le monde entier l'idée des hospices spécialisés.

Il s'agissait de concevoir une structure intégrée, conçue pour le soutien et l'accompagnement des mourants et de leurs proches. L'accompagnement vers la mort est centré sur les besoins et les souhaits des personnes à l'approche de la mort. Il s'agit ici des quatre types de besoins fondamentaux qui correspondent aux quatre dimensions de la personne humaine : besoins sociaux, physiques, psychiques et spirituels. Leur satisfaction constitue le cœur du travail en hospice. On peut distinguer les éléments suivants :

1. Mourir dans la dignité et en suivant sa propre volonté ; non pas seul, mais entouré de ceux que l'on aime, en un lieu familier (besoins sociaux).

2. Ne pas avoir à supporter de grandes souffrances ou d'autres symptômes invalidants (besoins physiques).

3. Pouvoir réaliser dans le calme et la paix toutes les dernières actions essentielles (besoins psychiques).

4. Pouvoir vivre sa propre évolution spirituelle, quelles que soient ses convictions religieuses. Il s'agit à la fois de la confrontation avec la mort et avec la vie qui la suit (besoins spirituels).

Dans ces hospices, les personnels sont disponibles en permanence et s'occupent également des proches en deuil après le décès.

Pour le lecteur actuel, la présence d'hospices en ambulatoire ou en séjour quasiment partout peut sembler évidente. Pourtant, à la fin des années 1960, ce n'était qu'un objectif très éloigné. À l'époque, les mourants étaient placés dans des chambres à l'isolement. À travers les conférences et ateliers qu'elle a organisés dans le monde entier, Elisabeth Kübler-Ross a défendu les intérêts des mourants. Par son engagement personnel, elle est devenue le fer de lance des études sur la mort et a définitivement levé le tabou qui pesait sur le sujet.

Mais elle ne s'est pas satisfaite de ce travail de pionnier qui a transformé notre attitude à l'égard des mourants. Par les expériences qu'elle a personnellement vécues, elle a su élever sa propre conscience et trouver le courage d'aborder les mécanismes subtils du cheminement vers la mort, ce pour quoi elle a été calomniée et mise au ban de la communauté scientifique dans les années 1970; en effet, en tant que médecin, elle osait parler publiquement de la poursuite de la vie après la mort, des EMI et des visions d'agonie. La thématique ayant été refoulée et rejetée comme taboue pendant tant d'années, la plupart de ses collègues estimaient que ses propos n'étaient ni sérieux, ni scientifiques.

Durant toute cette période, Kübler-Ross s'est consacrée à l'accompagnement des enfants mourants. Elle donnait des conférences sur ses expériences spirituelles et s'entretenait elle-même avec des milliers de patients sur leurs expériences extracorporelles ou de mort imminente.

Résistances

En 1984, elle a ouvert son nouveau centre thérapeutique *Healing Waters* en Virginie. Elle envisageait d'y ouvrir un centre dédié aux bébés malades du sida, ce qui a déclenché une gigantesque opposition de la part de la population locale. C'est également là qu'elle souhaitait passer le soir de sa vie. En octobre 1994, des fanatiques fondamentalistes chrétiens ont mis le feu à sa ferme et ont tué ses animaux, détruisant tout ce qu'elle possédait.

À la suite de ce coup du sort, son fils Kenneth l'a emmenée à Phoenix, Arizona, où elle a acheté une maison dans le désert, non loin de réserves indiennes. Le 13 mai 1995, elle a emménagé dans sa nouvelle maison et a subi, le même jour, une grave attaque cérébrale. Elle est restée plusieurs mois inconsciente, a enduré d'énormes souffrances et a été traitée pendant plusieurs mois dans divers établissements.

L'attente de la mort

Elle a par la suite subi cinq attaques et attendu impatiemment la mort, qui ne voulait pas venir. En 1997, elle a fait paraître son autobiographie, très remarquée. Dans les dernières pages, elle parle de sa tâche la plus difficile, apprendre la patience : « Il ne m'a pas été offert, cet apprentissage de la patience. Mon unique souhait est de quitter mon corps pour pouvoir enfin me fondre dans la lumière. Mes guides spirituels m'ont toujours dit que je devais faire du temps mon allié. Je sais que le jour où ma vie, sous cette forme et dans ce corps, prendra fin, j'aurai appris le dévouement[1]. »

Tandis que cette illustre spécialiste de la mort vivait recluse dans sa maison, refusant pratiquement toute aide, on assistait à une multiplication de portraits d'elle à la télévision et dans les journaux. Début 2003, un film est même sorti, d'abord sur les écrans suisses, puis dans toute l'Europe, intitulé *Elisabeth Kübler-Ross – Voir la mort en face*. Elle a ainsi rendu public son propre cheminement vers la mort.

Cette femme, qui toute sa vie avait été une rebelle et un bourreau de travail, ne pouvait accepter cet état qui la contraignait à recevoir de l'aide d'autrui. Parmi ses nombreux adeptes, beaucoup ne comprenaient pas pourquoi elle, qui avait tant fait pour faire sortir la mort et notre attitude à son égard de leur état de refoulement, devait justement faire face à une telle souffrance. Une question plus obsédante encore était de savoir pourquoi elle devait passer par un cheminement

1. Kübler-Ross E., *Mémoires de vie, mémoires d'éternité*, Paris, 1997.

si pénible, et donc pourquoi elle éprouvait une telle colère et une telle rage sans compromis.

Être capable d'accepter

Pendant des années, elle a ainsi attendu la mort en vain. Voici ce qu'elle en dit dans un ouvrage paru après son décès, *Sur le chagrin et le deuil: trouver un sens à sa peine à travers les cinq étapes du deuil*: «J'ai encore deux leçons à apprendre: la patience et l'acceptation de l'amour. Au cours des neuf dernières années, j'ai peu à peu appris la patience, et à mesure que je deviens plus faible et grabataire, je parviens à mieux accepter l'amour d'autrui. Toute ma vie, j'ai nourri les autres, mais j'ai rarement accepté que l'on me nourrisse. Pourtant, je sais que Dieu a un plan: je sais qu'il a décidé quand il serait temps pour moi de partir et, ce moment venu, je dirai oui. Alors, je laisserai ce corps derrière moi, comme un cocon d'où sort un papillon. J'apprendrai moi-même ce que j'ai enseigné aux autres durant tant d'années[1].»

Elisabeth Kübler-Ross est morte le 24 août 2004, entourée de ses proches, enfants et petits-enfants. Elle avait trouvé la paix, et a connu une fin parfaitement ordinaire.

Son destin démontre que chacun doit cheminer à sa façon vers la mort. En ce sens, sa dernière tâche majeure fut de faire connaître à tous cette vérité fondamentale, par l'exemple de son propre apprentissage de la patience face au trépas. La grande œuvre de sa

---

1. Kübler-Ross E., Kessler D., *Sur le chagrin et sur le deuil*, Paris, 2009.

vie reste d'avoir levé le tabou sur la mort et le cheminement du décès, nous permettant enfin de les contempler en face.

Origines des recherches sur la mort

Ces idées révolutionnaires sur l'approche de la mort et les EMI ont donné naissance à un engouement mondial de la communauté scientifique pour l'étude des secrets de la mort et du passage vers elle. De nombreux chercheurs s'y sont penchés en pensant pouvoir réfuter les thèses de Kübler-Ross et de Moody, mais, en réalité, ce fut l'acte de naissance des recherches sur la mort, qui aboutit, à la fin des années 1970, à la fondation de l'International Association for Near-Death-Studies par le psychiatre et professeur d'université Kenneth Ring.

Pour la première fois, des données issues de diverses études scientifiques ont été compilées, donnant lieu à des archives où l'on continue, aujourd'hui encore, de collecter des cas d'expériences de mort imminente dans toutes les cultures.

Depuis lors, d'innombrables études portant sur tous les aspects des EMI ont été publiées dans le monde entier. Le pédiatre Melvin Morse a étudié l'expérience que les enfants font de la mort, et a décrit, dans une étude célèbre, la manière dont leur vie était transformée par un tel événement. En 1999, Kenneth Ring et Sharon Cooper ont publié une étude dans laquelle étaient interrogés uniquement des aveugles de naissance. Leur conclusion : hors de leur corps, les patients disposaient d'un sens de la vue spirituel, qui leur permettait même de percevoir et de distinguer les couleurs. Les deux exemples suivants permettent de conclure qu'il est impossible que les observations soient le résultat d'une perception sensible ou du fonctionnement du cortex cérébral.

«Je voyais véritablement les couleurs les plus éclatantes, ce qui est étonnant, car je suis daltonien. J'arrive certes à distinguer les couleurs primaires entre elles, mais pour moi, tous les tons pastel ont le même aspect. À cet instant, je pouvais soudain les distinguer, et même dans leurs nuances les plus subtiles. Ne me demandez pas les noms, je ne les connais pas, car je n'en ai pas l'expérience[1].»

Un autre témoin présenté dans l'étude de Ring et Cooper, Vicki, décrit ainsi sa surprenante expérience :

«Je n'ai jamais rien vu, ni la moindre lumière, ni une ombre – rien. Dans mes rêves, je n'ai pas d'impressions visuelles. Je me souviens d'abord que je me trouvais au Harbour View Medical Center, et que j'observais tout d'en haut. C'était assez angoissant, parce que je n'avais pas l'habitude de percevoir les choses visuellement. Mais ensuite, j'ai reconnu mon anneau de mariage et mes cheveux, et j'ai pensé : *est-ce mon corps, là en bas ? Suis-je donc morte ?* J'ai décidé de me déplacer. Je savais également où je me dirigeais. En m'approchant de l'endroit, je vis des arbres, des oiseaux et une foule de gens, mais qui semblaient être des images

1. Van Lommel P., *Consciousness beyond Life. The Science of the Near-Death Experience* («La Conscience infinie. La science des expériences de mort imminente», traduction française en cours), Londres, 2010.

lumineuses. C'était incroyable, vraiment fantastique, j'étais submergée par cette expérience, car je ne m'étais jamais représenté ce que pouvait être la lumière[1]. »

Jusqu'à la fin des années 1990, les études étaient essentiellement de nature rétrospective, c'est-à-dire que les témoins étaient souvent interrogés des années après leur expérience. Plus récemment, Pim van Lommel, Sam Parnia et Bruce Greyson ont mené des études prospectives au long cours, consistant à interroger les patients en unités de soins intensifs cardiologiques immédiatement après un arrêt cardiaque. Les chercheurs avaient accès aux dossiers des patients indiquant leurs antécédents de maladie et les éventuels médicaments reçus. De plus, les flux cérébraux pendant la période de mort clinique étaient enregistrés. Ces recherches ont démontré en toute clarté que les explications conventionnelles sur les EMI ne pouvaient pas être valides. Les EMI ne survenaient pas en raison de la mort des neurones du cerveau ou de la perte de l'irrigation sanguine. Alors même que la fonction cérébrale a cessé, ce qu'indique un encéphalogramme plat, les témoins présentent une conscience et une faculté de perception et de mémorisation. Dans son livre (non encore traduit) *Consciousness Beyond Life : The Science of the Near-Death Experience*, paru en 2009, Pim van Lommel résume ainsi ses découvertes :

« Les études scientifiques sur les EMI indiquent clairement les limites des représentations que la médecine et la neurophysiologie actuelles se font des divers aspects de la conscience humaine et de la relation

1. *Ibid.*

entre le cerveau, la conscience et la mémoire. D'après le paradigme qui domine actuellement, la mémoire et la conscience sont produites par de vastes groupes ou réseaux de neurones. Ces théories ne pouvant toutefois pas mettre en évidence, ni remettre en cause le contenu des EMI, l'idée largement admise, mais jamais prouvée, d'une localisation de la conscience dans le cerveau, doit donc évidemment être remise en question[1]. »

Ce que l'auteur exprime ici, avec la plus grande rigueur scientifique, revient finalement à dire que la conscience existe indépendamment du corps. Le principe vital de l'homme réside hors de son corps. Nous avons une âme, qui nous fait passer en douceur vers l'au-delà à la fin de notre vie. La vie après la mort n'est rien d'autre qu'un état modifié de notre conscience.

1. *Ibid.*

4

LES RECHERCHES ACTUELLES SUR LA MORT PREUVES DE LA VIE APRÈS LA MORT

Début 2010, le Dr Jeffrey Long, radio-oncologue, a publié aux États-Unis un ouvrage[1] qui est vite devenu un best-seller en Amérique. Ce livre présente rien de moins que l'étude la plus complète jamais menée sur le sujet. Alors que tous les autres travaux de recherche portent sur 50 à 300 cas au maximum, le travail de Long s'appuie sur l'analyse de 1600 cas, et confirme non seulement le caractère véritable et réel des EMI, mais présente également des preuves certaines de l'existence de la vie après la mort. Depuis 1998, Jeffrey et son épouse Jody ont accumulé à partir de leur site Internet[2] des milliers de cas dans le monde entier. Cette archive des témoignages collectés constitue à l'heure actuelle la plus vaste base de données sur des EMI. Accessible à tous, elle est utilisée par des chercheurs de tous les pays.

---

1. *Evidence of the Afterlife: The Science of Near-Death Experiences* (Les preuves de la vie après la mort : la connaissance scientifique des expériences de mort imminente).
2. *Near Death Experience Research Foundation* (www.nderf.org).

Dans cette étude, tous les aspects constituant les expériences de mort imminente ont été évalués et leur ressemblance avec d'autres cas a été vérifiée. Aux confins de la mort, tous les témoins livrent des récits concordants sur l'expérience du divin, sur la vie après la mort, sur l'importance de l'amour, sur les raisons de notre existence sur la Terre, sur l'abandon de soi et sur les obstacles terrestres.

Tous soulignent l'unité spirituelle universelle à laquelle, en tant qu'hommes, nous appartenons tous. Ces témoignages univoques attestent de l'universalité du passage dans l'autre monde. Les expériences émouvantes sur le sens profond de notre vie sont semblables dans le monde entier et ne se distinguent que par les croyances religieuses dominantes, les représentations socioculturelles, et par toutes les autres doctrines simplement terrestres.

L'un des traits caractéristiques de cet ouvrage tient au fait qu'aucun des cas documentés ne comporte d'expérience de vie antérieure, ce qui a de quoi surprendre, du moins en Inde et dans toute l'Asie, dans la mesure où l'acceptation de la réincarnation constitue l'un des piliers des systèmes de croyances.

Les EMI attestent de la nature spirituelle commune à tous les hommes. Nous provenons tous de la même origine et nous sommes liés à la totalité de l'Être, ce qui démontre que notre essence est spirituelle.

Si l'on veut véritablement comprendre ce qu'il advient de nous lorsque nous mourons, alors le témoignage de femmes et d'hommes qui ont franchi le seuil de la mort nous est indispensable. Si nous les écoutons attentivement et comparons le cœur de chaque témoignage, nous pouvons découvrir ce que nous devenons à l'instant de la mort. Cette manière de procéder est en même temps l'une des bases essentielles de la méthode scientifique : ce qui est vrai revient toujours à travers des observations différentes.

Je voudrais à présent comparer les découvertes essentielles du Dr Jeffrey Long avec celles d'autres études, ce qui permettra de montrer de manière indiscutable la réalité de la vie après la mort. Cela gênera sans doute bien des sceptiques : en effet, nombreux sont ceux qui croient encore que les EMI ne sont, au mieux, que des rêves lucides ou des hallucinations, sans aucun contenu de vérité.

Les arguments selon lesquels les EMI ne seraient provoquées que par un manque d'oxygène dans le cerveau ou qu'une brusque libération d'endorphines serait à l'origine des sentiments de bien-être et de joie profonde rapportés par les témoins, ou encore que la lumière ne serait en fait qu'une réaction spasmodique du nerf optique, tous ces arguments ont été récusés par d'innombrables études médicales au cours de ces dernières années.

La perception malgré la perte de conscience

Le fait que des personnes puissent avoir une perception claire et vive de ce qui les entoure, alors même qu'elles sont en état d'inconscience profonde ou de mort clinique, est médicalement inexplicable. De plus, tous les témoins rapportent la continuité de leur conscience de soi. Dès lors que le cœur a cessé de battre, le sang n'irrigue plus le cerveau. Cet afflux sanguin, indispensable à la perception consciente, s'arrête au bout de dix à vingt secondes. Lorsque l'activité cérébrale prend fin, l'EEG présente une ligne plate. Et pourtant, les patients indiquent être bien plus conscients, plus vifs, qu'ils ne l'avaient jamais été. Voici l'un des exemples présentés par Kenneth Ring :

« À partir de ce moment-là, je ne sentais plus mon corps. Je n'étais plus que conscience. Puis, j'ai eu l'impression d'être enveloppé dans cette gigantesque lumière éclatante. Il me semblait que je n'existais plus qu'en elle, et qu'elle me nourrissait[1]. »

Et un autre témoignage :

« J'ai compris clairement que la vie, c'est la conscience – cette conscience qui se trouve derrière notre personnalité, qui a toujours été et sera toujours. Je sais à présent que le sens de la vie n'a rien à voir avec mon moi, mon petit ego. La vie possède son propre sens. J'ai perçu clairement que la vie continuerait, et que moi aussi je demeurerais, et une profonde sérénité m'a envahi[2]. »

Expériences sous anesthésie

Dans l'exemple ci-dessus, il est question de la clarté de la conscience et de la compréhension du sens profond de la vie, pendant que les médecins s'activent au bloc opératoire autour d'un homme lors d'une opération à cœur ouvert. Le patient se trouve alors en

---

1. Ring K., *Den Tod erfahren, das Leben gewinnen* (« Connaître la mort, gagner la vie », non traduit), Bergisch-Gladbach, 1988.
2. *Ibid.*

anesthésie profonde, en état d'inconscience totale ; d'un point de vue médical, il est impossible qu'il ait des perceptions conscientes, et pourtant, les cas d'EMI sous anesthésie puissante ou en coma artificiel répertoriés sont légion. Dès l'abandon du corps, celui qui franchit le seuil de la mort se trouve non seulement envahi d'une profonde paix et libéré de toute douleur, mais parvient également à un état de conscience élargie. Les témoins ont des perceptions optiques claires et distinctes de leur propre corps, que le cardiologue américain Michael Sabom définit comme des « expériences de mort autoscopiques ».

Sabom a publié au début des années 1980 une étude sur le sujet intitulée *Souvenirs de la mort.* Dans l'exemple ci-dessous, un homme évoque sa réanimation après un arrêt cardiaque :

« C'était presque comme si je me tenais à l'écart, sur le côté, non pas comme une personne concernée, mais comme un spectateur détaché. Ils m'ont soulevé et posé sur la civière. Puis, le Dr A. a commencé le massage cardiaque. Je recevais de l'oxygène par un petit tuyau fiché dans mon nez, mais ils me l'ont retiré et m'ont posé un masque couvrant le nez et la bouche, qui fonctionnait à la pression, je pense. Je me souviens aussi qu'ils ont amené le chariot sur lequel se trouvait le défibrillateur. Il avait un compteur, de forme carrée, avec deux aiguilles ; l'une restait immobile et l'autre s'affolait[1]... »

L'observation autoscopique de cet homme est décrite de manière extrêmement détaillée. Depuis un

1. Sabom M., *Souvenirs de la mort*, Paris, 1992.

lieu situé hors de son corps physique, il était capable de suivre avec précision tous les faits et gestes survenus pendant sa réanimation. On trouve ainsi des milliers de cas vérifiés de personnes ayant éprouvé des sensations du même ordre au cours d'une opération.

Vérification des témoignages à la suite d'une expérience extracorporelle

Tout ce que l'on entend ou voit au cours d'une expérience de mort imminente est réel. Au cours des quarante dernières années, la recherche sur la mort a pu vérifier des millions de fois les observations et les dires de sujets ayant connu des expériences extracorporelles. Ceux-ci perçoivent des faits qui se produisent bien loin de l'endroit où se trouve leur corps, et ont également des perceptions acoustiques.

Si nous voulons véritablement nous confronter à ces vérités, il est essentiel de garder en mémoire que les sujets, au moment de leur expérience, se trouvent soit sur un lieu d'accident, soit en salle d'opération.

À l'issue d'un séminaire, une femme ayant subi un arrêt cardiaque au cours d'une opération m'a raconté les faits suivants :

«Je me trouvais d'abord dans un coin de la salle d'opération. Je pouvais entendre le médecin crier "on est en train de la perdre !", et je l'ai vu se mettre à appuyer frénétiquement sur ma cage thoracique, mais cela ne me touchait pas. J'ai remarqué que je pouvais regarder partout où je pensais. Je pouvais m'éloigner de mon corps, par la simple puissance de la pensée. J'ai alors pensé à ma famille, et je me suis retrouvée immédiatement dans la salle d'attente. Mon mari et les enfants étaient complètement désespérés. Mon fils portait de larges lunettes de soleil que je ne lui avais encore jamais vues. Sur la table se tenait une rose en plastique déteinte par le temps. Ensuite, je me suis trouvée renvoyée dans mon corps. Lorsque j'ai parlé de mes observations aux membres de ma famille, ils ont été très surpris. Aujourd'hui, je sais que l'âme est indépendante du corps. »

L'une des plus vastes études médicales sur les perceptions conscientes pendant un arrêt du cœur est actuellement en cours de réalisation. Sous la direction de Sam Parnia, une équipe de l'université de Southampton, en Angleterre, analyse les expériences extracorporelles de quelque 1500 patients. Les chercheurs ont apporté en salle d'opération des images qui ne peuvent être vues que du plafond. Cette étude, intitulée AWARE, est réalisée en coopération avec les plus importants centres hospitaliers du monde. On attend ses résultats avec impatience.

Détails de la vision rétrospective de la vie

Il s'agit du déroulement concret de la vie du témoin telle qu'il l'a effectivement vécue, lors duquel ressurgissent une myriade de détails qu'il avait oubliés. De plus, il comprend les effets de ses actions sur les autres : sa conscience s'élève à un niveau qui lui était inaccessible auparavant. Toutes nos pensées, paroles et actions ont des conséquences ; elles nous sont présentées comme un film. Cette étape n'est pas simple : dans l'exemple qui suit, Mark voit les véritables événements de sa vie, comme s'il s'agissait de scènes d'un film que l'on aurait tourné sur lui, mais il ressent à présent l'impact de ses actions sur les autres. On voit donc que cette expérience est indissociable d'une authentique connaissance de soi-même.

« C'était, au sens strict, le déroulement du film de ma vie. Je le décrirais comme une séquence de sentiments déclenchés par les nombreuses actions de ma vie. Non seulement je revivais mes propres sentiments une nouvelle fois, mais je ressentais aussi par empathie ceux des personnes qui m'entouraient à cette période-là de ma vie, et aussi les conséquences de mes actes. Je ressentais ce que les autres percevaient de ma vie[1]. »

Ceci explique pourquoi ce type d'expérience n'est pas toujours vécu comme agréable, car nous ressentons les joies et les peines que les autres ont pu éprouver de notre fait. Il n'est pas rare que l'on soit accompagné d'un guide spirituel, qui ne porte d'ailleurs jamais de jugement, si peu aimants que nous ayons pu être à tel ou tel moment. L'Être de lumière n'est pas un juge sévère, mais un conseiller doux et compréhensif. Voici comment un témoin, Dannion Brinkley, décrit ce phénomène :

« L'Être de lumière m'a enveloppé et, à cet instant, ma vie entière s'est mise à défiler devant moi. Je ressentais et voyais tout ce qui m'était arrivé. Ce retour sur ma vie n'a pas été agréable. Du début à la fin, j'étais confronté au fait insoutenable que j'étais quelqu'un de déplaisant, vraiment égoïste et méchant. La première

1. Long J. et Perry P., *Evidence of the Afterlife*, *op. cit.*

chose que j'ai vue, c'était mon enfance agressive. Je me voyais malmenant les autres enfants, voler leur vélo et leur rendre l'école infernale. L'une des scènes les plus vives me montrait en train de harceler un gamin parce qu'il avait un goitre. Les autres se moquaient aussi de lui, mais j'étais le pire. À l'époque, je me croyais malin, mais en revivant cet épisode, je me trouvais également dans son corps, et je ressentais la peine que je lui infligeais[1]. »

Expériences de mort imminente chez les enfants

Les EMI vécues par les enfants, telles qu'elles sont décrites en détail, confirment les indications données par les adultes. Jusqu'à cinq ans, les petits enfants n'ont pas d'idées préconçues sur la mort, car ils ne se la représentent pas encore. Nombreux sont les sceptiques qui croient que la multiplication des EMI tient au fait qu'elles sont popularisées par les films, les livres et les émissions de télévision ; selon eux, ces informations préalables influeraient sur les attentes et les souhaits exprimés durant les EMI. Cela signifierait donc que la culture de chacun influence ces expériences.

Or, toute cette prétendue imprégnation culturelle ne s'applique pas aux petits enfants. L'exploration scientifique des EMI chez les enfants a révélé que, dans leur innocence enfantine, ils relataient exactement ce qu'ils avaient vécu. Leurs expériences sont plus simples, plus directes et plus pures que celles des adultes, qui essaient souvent de porter un jugement subjectif sur ce

1. Brinkley D., *En paix dans la lumière*, 1999.

qu'ils ont vécu. Les enfants ne cachent rien, n'ajoutent rien, et ne se perdent pas dans les détails.

Pendant dix ans, le pédiatre Melvin Morse a mené à Seattle une étude systématique des EMI d'enfants. Ses travaux ont montré que ces épisodes se gravaient pour toujours dans leur mémoire, comme des événements intemporels.

Dans le cas qui suit, une jeune femme de vingt ans se souvient en détail de son expérience, survenue alors qu'elle avait huit ans.

«Je me souviens seulement que mes cheveux flottaient dans le courant et que j'ai perdu conscience. Ensuite, je me suis sentie glisser hors de mon corps. Je voyais que j'étais sous l'eau, mais je n'avais pas peur. En un éclair, je suis entrée dans un tunnel, et avant d'avoir eu le temps de m'en rendre compte, j'étais au ciel. Je savais que c'était le ciel, parce que tout étincelait, et tout le monde était joyeux. Un monsieur très gentil m'a demandé si je voulais rester. J'ai envisagé l'idée, avec sérieux. Mais j'ai répondu: "J'aimerais rester près de ma famille." Et je suis revenue[1].»

Si les EMI vécues par des enfants confirment les acquis de la recherche, en revanche, la vision rétrospective de leur vie ne se produit pas s'ils sont âgés de moins de quatre ans. À partir de six ans, cet épisode est parfois observé, car certains traits de caractère se sont déjà formés. Voici un récit à ce sujet:

«Je me souviens d'un incident particulier survenu pendant cette rétrospective: petit, j'avais arraché ses

1. Morse M., Perry P., *Closer to the Light* («Plus près de la lumière», non traduit), New York, 1991.

chocolats de Pâques à ma petite sœur, parce qu'il y avait un jouet dedans que je voulais avoir. En revivant cet épisode, j'ai ressenti son sentiment de déception, de rejet et de colère[1]. »

Les études sur la mort ont permis d'établir que les enfants sont par nature plus ouverts aux événements paranormaux. D'ailleurs, les plus petits sont doués de facultés extrasensibles : l'innocence qui les caractérise semble être la source de facultés paranormales. C'est pourquoi les EMI des enfants font partie des éléments les plus convaincants mis au jour par les recherches. Certains d'entre eux reviennent de la lumière porteurs d'informations très précieuses. Il est très fréquent que leurs récits fassent mention de défunts qu'ils ne connaissaient pas, car décédés avant leur naissance.

La chercheuse australienne Cherie Sutherland rapporte le récit que lui a fait la petite Vivien au sujet de son EMI, survenue alors qu'elle avait cinq ans :

« Je me souviens d'avoir vu mon oncle Frank. Par la suite, j'ai raconté cela à ma mère, qui a été très choquée. Ma grand-mère aussi a été choquée quand je le lui ai dit. Je n'avais jamais vu sa photo avant, et je n'avais jamais rien entendu à son sujet. Je connaissais simplement le nom. Pour ma grand-mère, c'était absolument incroyable, et pour moi aussi[2]. »

Il est très fréquent que les enfants, après une EMI, rapportent des informations vérifiables, dont ils ne peuvent pas avoir eu connaissance. Vivien a failli

1. Morse M., Perry P., *Transformed by the Light*, *op. cit.*
2. St Clair M., *Near-Death Experience: The Illustrated Dossier*, *op. cit.*

mourir d'une fièvre sévère. Elle s'est retrouvée hors de son corps, flottant dans le ciel.

« Alors, j'ai entendu dans ma tête une voix de femme, qui paraissait souriante. Je me suis retournée et j'ai vu, sur un petit nuage, une femme qui m'ouvrait ses bras. Je me suis jetée vers elle, et elle m'a touchée ; c'était absolument plein d'amour et de réconfort. Je savais, sans bien comprendre pourquoi, qu'elle s'appelait Rita et qu'elle était ma tante, alors que je n'avais jamais entendu parler d'elle auparavant. Elle a dansé avec moi sur le nuage et m'a raconté qu'elle avait été piquée par un insecte avant d'arriver ici. Tout à coup, elle s'est dégagée et m'a dit : "Oh, Vivien, tu dois faire demi-tour et continuer. Ta maman t'appelle[1]." »

La mère a été très surprise par la rencontre de Vivien avec sa tante Rita. Ce n'est que des années plus tard qu'elle a parlé de sa sœur aînée, qui s'était enfuie avec un homme marié à Singapour, où elle est morte d'une infection du sang à la suite d'une piqûre d'insecte.

Les recherches ont clairement montré que les enfants ne rencontraient jamais de personnes en vie durant leurs EMI, ce dont atteste également l'exemple suivant. Melissa a vécu une EMI à l'âge de quatorze ans, et relate l'épisode qui suit :

« Je me suis trouvée dans un endroit merveilleux, empli d'une lumière éclatante, mais qui ne m'éblouissait pas. Mon regard s'est habitué et j'ai aperçu maman, décédée quand j'avais dix ans. C'était magnifique de la retrouver si rayonnante. Elle avait une petite fille à

1. *Ibid.*

côté d'elle, de huit ou neuf ans, et qui lui ressemblait beaucoup, avec des cheveux blonds et de grands yeux bleus. Maman a souri et a dit : "Voici Bunny, ta petite sœur." J'étais extrêmement contente de la voir. Pourtant, en revenant, j'étais face à une énigme, car je n'avais jamais eu de petite sœur. Cela m'a préoccupée pendant très longtemps ; avais-je simplement imaginé tout cela ? Par la suite, j'en ai parlé à mon père, et ses yeux se sont embués. Il m'a appris que j'avais eu une petite sœur, plus jeune d'environ dix-huit mois, qui était morte à la naissance[1]. »

Au Guy's Hospital de Londres, le chercheur Dan Shears a interrogé sur leurs expériences aux confins de la mort des enfants ayant survécu à une méningite. Il connaissait les circonstances exactes des EMI et savait tout des antécédents médicaux des enfants.

Un petit garçon de quatre ans lui a décrit son expérience extracorporelle, au cours de laquelle il a rencontré un homme ailé. Dans le même temps, il a vu sa grand-mère assise à côté de son lit, tentant sans relâche de le persuader de repartir.

Dans un autre cas, une petite fille âgée de trois ans seulement raconte : « Je montais et je m'observais moi-même. C'était une expérience incroyable, qui m'a laissée sans voix. »

Cette petite fille, atteinte d'une malformation cardiaque grave, avait déjà été déclarée cliniquement morte à vingt reprises, à la suite de défaillances cardiaques répétées. Un jour, elle s'est écroulée dans la chambre de sa mère, qui l'a mise en position de

1. *Ibid.*

réanimation. La petite, flottant au plafond, regardait sa mère tentant de la secourir. En revenant à elle, elle s'est fâchée, parce que sa mère n'avait pas su la positionner comme le médecin l'avait montré[1].

Les EMI des enfants montrent qu'il s'agit d'événements tout à fait naturels et universels, qui ne peuvent être influencés de l'extérieur. De nombreux chercheurs ont cru que ces EMI devaient être limitées dans leur contenu par le vocabulaire restreint des tout-petits. En réalité, nous savons aujourd'hui que la complexité d'une expérience de mort imminente n'est nullement limitée par l'âge. Même des nourrissons, qui ne savent pas encore parler au moment de l'EMI, décrivent par la suite des expériences riches et complexes. Une femme de quarante ans m'a raconté au cours d'un séminaire :

« Voici mon souvenir le plus ancien : à l'âge de deux ans, je me suis mise à flotter au-dessus de mon corps et à me regarder d'en haut. Ce souvenir est associé à l'impression d'être au chaud, en paix et en sécurité. Longtemps, je n'ai pas su me l'expliquer, jusqu'à ce que ma mère me révèle, il y a trois ans, que j'avais été opérée en urgence à l'âge de deux ans pour une perforation intestinale. J'étais alors en danger de mort, ce que j'ignorais totalement jusqu'à ce moment-là. »

L'étude actuelle de Jeffrey Long démontre scientifiquement que les témoins se souviennent avec exactitude de leurs EMI, même des décennies plus tard, et

---

1. Fenwick P., *Science and spirituality A Challenge for the 21st Century* (Science et spiritualité. Un défi pour le XXIe siècle). Site internet : http://iands.org/research/important-research-articles/42-dr-peter-fenwick-md-science-and-spirituality.html

que celles-ci se composent d'éléments identiques. Elles ne sont pas influencées par des facteurs culturels ou par des personnes extérieures. Ces expériences sont des événements *réels*, vécus par des personnes de tous les âges et de tous les pays.

La petite Katie, âgée de trois ans, s'est étouffée en avalant une cacahuète; elle est devenue bleue et a perdu connaissance. Elle a alors vu son grand-père tenter de la réanimer. Elle a également senti la présence d'un être plein d'amour, qu'elle a reconnu comme son créateur. Bien des années plus tard, elle écrit :

« Encore maintenant, en repensant à mon expérience, je ressens qu'elle est plus réelle que tout ce que j'ai vécu depuis lors. Non seulement je me souviens, mais je ressens aussi les sentiments qui s'y rattachent. Cela me motive toujours à poser des questions. »

L'expérience de mort imminente de Katie a marqué et transformé toute son existence. Sa vie durant, elle a eu soif de connaissance spirituelle. Elle écrit aussi :

« Cette expérience m'a touchée si profondément que je m'efforce chaque jour de trouver des réponses à mes questions. J'étudie la philosophie et la théologie. Je rédige actuellement une thèse en théologie[1]. »

Comparaisons interculturelles

L'étude Long, la plus vaste enquête interculturelle sur les EMI jamais réalisée, confirme que, dans le monde entier, l'expérience de la mort est décrite de

1. Long J. et Perry P., *Evidence.*

manière identique. Les caractéristiques d'une EMI sont identiques, que celle-ci soit vécue par un musulman en Égypte, une chrétienne en Amérique ou un hindou en Inde. Tous ces récits ont un contenu analogue, et tous sont indépendants des contextes culturels et religieux. Chacun fera des expériences de ce type au moment de sa mort. Nous sommes ainsi liés à tous les autres humains : sous la multiplicité des individualités, nous ne faisons en réalité qu'un.

Gülden, d'origine turque, a vécu un voyage dans l'autre monde à la suite de la rupture d'une artère de son cerveau.

« Je me sentais flotter au-dessus de mon lit et je me dirigeais vers une lumière blanche très vive. J'aperçus mon oncle, décédé un mois plus tôt. Lorsque nous nous sommes rencontrés, il s'est exclamé : "Oh, non, pas déjà !" J'étais surpris d'être capable de le comprendre sans un mot, mais je me sentais en paix[1]. »

Simran, jeune homme vivant en Inde, relate ce qui est à ses yeux l'aspect le plus important de son EMI :

« Puis, une lumière éclatante est apparue, d'où provenait une voix d'homme très douce, qui disait : "Tu vas tout laisser derrière toi : tes proches, ton argent, tes récompenses durement acquises et tes vêtements. Tu viens à moi les mains vides[2]." »

L'étude Long établit que les récits non occidentaux ne présentent aucune différence essentielle par rapport aux expériences relatées par des Européens ou

1. *Ibid.*
2. *Ibid.*

des Américains, ce qui démontre le caractère universel de ces expériences. À partir de là, nous devrions nous rappeler que nous avons tous la même origine et que nous formons une communauté, au lieu de nous faire la guerre pour des questions de détails dogmatiques sans intérêt.

Celui qui veut vraiment comprendre la réalité des EMI ne pourra éviter de se confronter à leur contenu et de lire les témoignages des personnes concernées. C'est en eux que l'on trouve la puissance spirituelle qui a transformé la vie des témoins partout dans le monde. Hafur, une femme colombienne, n'a pas vu sa vie défiler image par image, mais a compris que c'était elle qui avait décidé de prendre un corps physique.

«J'ai compris que ma souffrance n'avait été qu'une perte de temps, et que j'aurais mieux fait pendant tout ce temps d'employer ma liberté à rechercher tout ce qui m'était arrivé dans la vie, à chercher le véritable amour, et non la douleur[1].»

Notre vérité, c'est la multiplicité dans l'unité. Nous ne nous distinguons que par nos apparences terrestres et par nos croyances personnelles. Les mots, par leur caractère limité, nous empêchent d'accéder à l'essence véritable des EMI.

Un jeune Algérien de douze ans, qui a failli se noyer, relate une expérience extracorporelle typique:

«Je voyais tout sous l'eau, comme si j'avais un masque de plongée. Mon champ de vision était de 360 degrés. J'avais l'impression d'être un peu éloigné

1. *Ibid.*

de mon corps, et je voyais aussi ce qui se passait derrière moi. Je remarquais de petits détails : les galets de couleur ocre, mais aussi des galets très clairs et des rayés, les algues poussant au fond de la mer, qui semblaient flotter sous la surface de l'eau[1]. »

Les éléments clés des EMI sont les mêmes dans le monde entier. La seule différence notable tient à la manière dont chacun interprète son expérience en fonction de sa culture et de sa langue. L'expérience de la mort est par nature universelle ; la véritable demeure de notre âme, c'est l'au-delà, tel qu'il est décrit de manière concordante dans toutes les expériences de mort imminente. Tous ces témoignages démontrent qu'à la source de tout être se trouve une puissance originelle divine, principe d'un ordre supérieur. Chaque homme est une part de l'Esprit divin.

1. *Ibid.*

5

L'ÂME ET LA CONSCIENCE

L'homme est un Moi terrestre, qui s'est incarné afin de vivre certaines expériences, l'âme étant le support immatériel du Je humain. Cela signifie que nous avons une âme, mais que nous ne *sommes* pas une âme. L'âme est ce qui nous lie à notre origine spirituelle. Elle est une conscience qui existe au-delà du temps, indépendamment de tout corps et de toute forme. Elle est donc en nous aussi bien qu'autour de nous, et il n'y a pas de siège de l'âme en l'homme. De tout temps, on a cherché à la localiser, dans le cœur, dans la tête ou ailleurs dans le corps. C'est évidemment impossible, car elle est une conscience sans lieu.

L'âme conserve en ses replis secrets toutes les connaissances spirituelles essentielles. Elle constitue le lien entre ce monde-ci et l'autre monde ; elle connaît le plan de notre vie et notre destination.

Tout décès est précédé par une décision de l'âme : celle-ci sait quand est venu le temps de passer dans l'autre monde. C'est ce que montrent en particulier les pressentiments en cas de mort brutale. Ces prémonitions, souvent inconscientes, ne sont en général comprises comme telles qu'*a posteriori* ; on voit donc que ce n'est pas la personnalité terrestre qui sait qu'elle va mourir, mais que les impulsions de l'âme indiquent que la personne elle-même ou ses proches sont préparés à la mort par des rêves prémonitoires.

L'âme régit toutes les évolutions intérieures de chacun et construit sa propre nature profonde. Par ses impulsions, elle soutient notre cheminement intérieur. Plus nous avons une conscience claire des étincelles de vie que produit notre âme, plus son soutien nous est précieux. En cultivant le calme et le silence, nous pouvons entrer en contact avec elle, car c'est elle qui permet l'accès à la conscience divine universelle. Telle est précisément l'expérience que font les sujets qui réalisent une EMI. Nombreux sont ceux qui expliquent avoir perçu l'image immatérielle de leur corps. Voici un récit à ce sujet :

« J'étais inconscient, mais je voyais la chambre d'hôpital, avec les médecins entourant le Dr G. qui se tenait près de mon lit, se penchait sur moi et écoutait les battements de mon cœur avec un stéthoscope. Dans le même temps, je voyais, au-dessus de mon corps, un autre corps identique, exactement dans la même position, flottant dans les airs, comme suspendu au plafond par quelque chose qui ressemblait à un fil fixé à mon nombril. J'avais l'impression d'être l'observateur, mais de quel point, je ne saurais le dire. Tout ce que je sais, c'est que je voyais deux corps. J'ai observé la scène pendant quelque temps[1]. »

L'identité du Moi, comme perception subjective, est un aspect de l'esprit éternel, de la conscience divine

1. Kalweit H., *Liebe und Tod. Vom Umgang mit Sterben*, *op. cit.*

unique qui embrasse la totalité des êtres. Ce témoignage est remarquable en ceci que la personne perçoit concrètement le ruban d'argent qui, durant notre vie, relie notre corps et notre âme. Ce n'est que lorsque ce ruban est définitivement coupé que la personne meurt. Lors d'une EMI, le lien reste intact, ce qui explique pourquoi la mort clinique peut être un état réversible.

La conscience extracorporelle perçoit le corps dont elle s'est extraite et voit le corps éthérique ; dans le même temps, elle se trouve dans la conscience universelle, depuis laquelle elle observe la situation. Un homme décrit ce phénomène de la manière suivante :

« J'étais au lit, avec une très forte fièvre. Tout à coup, j'ai pu voir mon corps physique, étendu sur le lit, ainsi qu'un autre corps hors du lit, dans la même position, environ 30 cm au-dessus du corps physique. Ce deuxième corps, d'un bleu étincelant, rayonnait d'une lumière intérieure. Pourtant, j'avais l'impression de me trouver dans un troisième corps, qui observait ces deux autres, même si je n'avais aucune conscience de ce corps-là. Il me semblait que ce "moi" voyait les deux corps : le corps physique et le corps lumineux[1]. »

Cette assertion signifie simplement ceci : dès lors que la conscience humaine a quitté le corps, elle est au-delà de l'espace et du temps, au niveau de perception de l'esprit ubiquitaire ; un esprit sans forme, exactement comme l'âme est sans forme matérielle. Cela prouve formellement que la conscience existe pleinement de manière indépendante du corps. Voici un autre exemple à ce sujet :

1. *Ibid.*

«Tout à coup, je me suis senti catapulté hors de mon corps. Pourtant, aussi étrange que cela puisse paraître, je sentais que ma conscience et ma perception provenaient d'un point qui n'était pas dans mon corps. J'observais les deux corps depuis un autre côté de la pièce. J'avais l'impression de n'avoir pas de corps du tout, et pourtant je pouvais ressentir les mouvements de mon double. Pendant un long moment, j'ai perdu conscience, puis je me suis retrouvé dans mon corps[1].»

La libération de l'âme est décrite par des métaphores du mouvement : ascension, flottement, chute ou envol. Le sentiment subjectif de vitesse et d'élargissement de la conscience doit être compris dans le contexte de la séparation du Moi terrestre et de l'âme d'avec le corps. Affranchi de celui-ci, on éprouve un mélange de légèreté, de joie et de liberté ; on perçoit ce qui se produit durant le décès. Libéré de la pesanteur et de l'attraction magnétique, on est attiré par la lumière, notre véritable nature spirituelle. C'est pourquoi ce passage vers un autre état de conscience, spirituel, est perçu avec une sensation de vitesse, qui démultiplie les perceptions suprasensibles du Je terrestre. En voici deux exemples :

«À l'instant où je me suis senti mourir, un morceau de je ne sais quoi s'est extrait de mon corps et s'est élevé dans les airs, quittant le lit. Je suis devenu comme une sorte de petit nuage, de forme indéterminée. Je montais sans cesse, de plus en plus vite. J'ai ainsi glissé pendant longtemps dans ce que je percevais comme un tunnel.»

---

1. *Ibid.*

Au-delà de la forme corporelle, la conscience s'élargit et abolit toutes les limitations de la condition humaine. Ainsi :

« Mon corps gisait sans vie sur le ventre. Moi, je flottais dans les airs, observant celui-ci d'en haut, en diagonale, très intéressé, mais nullement bouleversé. Je ne me souviens pas si j'étais habillé ou non. Bien vite, j'ai remarqué que je pouvais tourner mon attention vers d'autres choses que mon corps resté orphelin. Je n'étais pas simplement libéré de la pesanteur, mais aussi de toutes les autres limitations de la vie humaine. Je pouvais voler, je me sentais entièrement transformé. »

Cette faculté de vision spirituelle hors du corps, présente en chacun de nous, montre là encore que l'âme ne dépend pas de l'état du corps, et qu'elle est toujours entière et intacte. C'est ce qui explique également pourquoi les aveugles de naissance peuvent voir pendant une EMI. Tel est le caractère autonome, intemporel de l'âme, que chacun de nous détient.

Comme les deux cas présentés ci-dessus, les témoignages dont on dispose parlent très souvent de légèreté, d'apesanteur. Une femme m'a raconté s'être sentie merveilleusement légère, en flottement, libérée de tout poids. Un homme m'a expliqué comment il a senti son âme quitter son corps, puis voyager à la vitesse de la lumière.

Tous ces cas démontrent que nous sommes bien plus que notre corps et notre simple Moi terrestre. Une fois détachés du corps, nous accédons à l'univers cosmique et à ses flux énergétiques d'informations, tout en conservant la continuité de la conscience de soi.

Au cours de notre existence, notre âme est pour ainsi dire le lien entre ce monde-ci et l'au-delà. Une fois séparé de son corps, l'homme éprouve la simultanéité de sa conscience, par-delà l'espace et le temps, et en perpétuelle expansion. Il accède alors à son Moi supérieur, l'âme, qui vient à sa rencontre comme un compagnon céleste. Nombre de sujets revenus de ces confins relatent s'être sentis plus vivants que jamais. Une femme m'a écrit un jour :

« Je me souviens exactement d'avoir été extraite de mon corps à une vitesse phénoménale. Tout à coup, je me suis retrouvée faisant partie d'un Tout indicible, et toutes mes douleurs s'étaient évanouies. Pendant ces quelques minutes, non seulement j'envisageais mon existence entière, mais je me sentais plus vivante que jamais auparavant. En une fraction de seconde, j'ai saisi tout le savoir de l'univers, et j'ai compris que j'étais et resterais pour toujours un aspect de Dieu. La lumière où j'étais entrée, c'est l'amour pur et inconditionnel. J'ai compris que l'étincelle du divin faisait partie intégrante de mon âme. L'âme, c'est le grand cadeau de Dieu, car c'est par elle que, malgré les limitations de notre existence, nous restons en contact avec Lui, si nous sommes conscients de nous-mêmes. »

Voici cette même idée, formulée différemment dans un autre exemple :

« Je croyais que j'étais mort, et j'observais mon corps sans vie, bien abîmé par un accident. Je ne sentais rien, car je ne me trouvais pas dans mon corps. Je me sentais léger, vivant ; j'étais à présent un esprit libéré de tout. J'ai alors compris que la lumière qui m'inondait était une partie de moi-même, ma part d'amour. Cette lumière de l'amour était en moi depuis toujours, mais je n'avais pas su ou voulu la voir. J'ai su que je devais revenir sur mes pas, pour en parler aux autres. La lumière de mon âme me connaissait mieux que moi-même. »

L'élément psychique, étincelle divine en nous, sans laquelle nous ne pourrions absolument pas vivre, est pour nous une aide et un rappel de notre pays éternel. Étant doués d'une âme, nous sommes déjà, de notre vivant, des êtres multidimensionnels. Le vrai sens de l'existence est le progrès spirituel de l'âme vers l'amour inconditionnel et incommensurable de Dieu. Celui qui ouvre les espaces intérieurs de son âme peut retrouver le lien avec la source directe de son être et éprouve un accroissement de sa puissance de vie pure, à partir de la source divine.

La conscience humaine

La conscience est la faculté de perception de l'homme, qui nous permet de donner forme à la réalité extérieure et à notre réalité propre. Elle est le fondement de la réalité matérielle ; il n'y a pas d'explication scientifique à cela. Sans la faculté de perception consciente, nous ne pourrions rien connaître ni en nous, ni hors de nous. D'autre part, l'un des aspects essentiels de la conscience humaine est l'existence d'un Je subjectif et insubstituable, par lequel chacun se distingue des autres.

Pendant des décennies, les scientifiques ont tenté d'expliquer ces faits par des processus chimiques dans le cerveau ; mais celui-ci n'est rien d'autre que le support organique grâce auquel la conscience et l'entendement peuvent s'exprimer à travers le corps. Notre cerveau est comparable à un poste de télévision, qui projette des images dans une pièce, mais qui reçoit celles-ci de l'extérieur sous forme d'ondes magnétiques et d'électricité.

Par ses découvertes en neurophysiologie et en physique quantique, Pim van Lommel est parvenu à la certitude suivante :

« … que la conscience n'est liée ni à un temps, ni à un lieu déterminés. Ce phénomène est appelé *non-localité*. Dans un tel espace, dans lequel passé, présent et avenir coexistent et sont accessibles simultanément, la conscience est infinie et omniprésente. Elle est éternellement présente en nous et autour de nous[1]. »

La conscience n'a ni commencement ni fin, elle existe de toute éternité indépendamment du corps. Une EMI consiste pour l'essentiel à dépasser le réseau étriqué de la perception corporelle pour atteindre une conscience élargie. Nos yeux ne perçoivent qu'une infime partie de la réalité, celle sur laquelle nous concentrons notre attention à un instant donné. Nous ne pouvons pas savoir ce qui se trouve derrière nous, ni percevoir tout ce qui se trouve dans une grande pièce. Telle est notre faculté de perception corporelle, très limitée. Maintenant, lorsque notre Moi terrestre quitte son corps, il atteint une forme d'infinité spatiale, dans laquelle toutes les choses peuvent être perçues simultanément.

---

1. Van Lommel, *Consciousness beyond Life*, *op. cit.*

«Tandis que je flottais au plafond de la salle d'opération, j'avais conscience non seulement de toutes les personnes présentes, mais aussi de tous les appareils médicaux qui se trouvaient dans la pièce. Pendant que les médecins tentaient de me ranimer, je dirigeais mon attention sur l'appareil d'assistance respiratoire, et de ma position au plafond, je pouvais voir la plaque avec le modèle et le numéro de l'appareil. Lorsque j'en ai parlé au médecin par la suite, il a été extrêmement surpris, car mes indications se sont révélées justes.»

Par l'expérience d'une conscience élargie, l'espace et le temps, qui sont des catégories permettant aux hommes de s'orienter, s'abolissent jusqu'à une forme de simultanéité de tout le vécu. On saisit alors plus clairement et plus rapidement les pensées, et la puissance de la pensée augmente énormément. Une EMI est un état de simultanéité virtuelle de la conscience dans la rencontre avec un niveau supérieur de l'être, dans lequel toutes les informations sont comprimées en une unité omniprésente. Il est très difficile d'exprimer cette simultanéité vécue en langage humain.

Voici à ce propos le témoignage d'une femme :

«J'ai vu la beauté de l'âme, ses possibilités insoupçonnées, et j'ai acquis la certitude que l'esprit perdure éternellement. J'ai connu des moments d'intemporalité, de clarté et de bonheur infinis. Il est difficile de dire ce que j'ai vécu de manière compréhensible, même si cela a été l'expérience la plus marquante de ma vie[1].»

Un autre récit exprime différemment la même idée :

---

1. Bieneck *et al.*, *Ich habe ins Jenseits geblickt*, *op. cit.*

« Je ne sais pas combien de temps a duré cette séparation du corps et de l'esprit. Des secondes, des heures, des jours ? À un moment, la vue depuis l'extérieur de mon corps a disparu, et j'ai recommencé à sentir mes douleurs[1]. »

Cette suspension du temps est inséparable de l'accélération de tous les événements. Pour étudier sérieusement le problème des expériences de mort imminente, il est essentiel de savoir que la plupart des récits dont on dispose portent sur des expériences ayant duré moins de cinq minutes, car passé ce seuil, la réanimation n'est souvent plus possible. Il s'agit parfois de quelques fractions de secondes, parfois de deux minutes. Par la suite, lorsque l'on s'entretient avec les témoins sur ce qu'ils ont vécu, il faut au moins deux ou trois après-midi pour déployer toute la richesse et la complexité de leur expérience. Ce simple fait permet de comprendre que l'on a affaire ici à une dimension totalement différente de l'être. Dès lors, la question reste ouverte : comment se produit la transformation radicale de la personnalité des sujets ? Une réponse plausible réside dans les différentes couches de la conscience humaine, que nous décrirons par la suite. Dans ce contexte, l'analogie entre la naissance et la mort s'avère très féconde.

Que se passe-t-il lors de la naissance ?

Lorsqu'une personne naît, son Je terrestre s'intègre au corps au moment où le cordon ombilical est coupé.

1. *Ibid.*

Le Je est alors une personnalité à part entière, car le fait d'être né dans un corps est inséparable de l'inclusion dans un programme psychique éternel, sans lequel un Je ne serait pas possible. Tout homme dispose donc d'une âme, sans laquelle il ne pourrait même pas exister.

Cette âme est en même temps ce qui constitue le lien avec la conscience divine universelle. La conscience humaine est donc de nature spirituelle. À l'instant de la naissance, la conscience de l'âme forme une symbiose avec le corps, symbiose qui durera toute la vie : c'est pourquoi le Je terrestre et le corps sont liés.

Le Je est d'emblée marqué par le corps : lorsqu'un être spirituel libre s'incarne, la première expérience que fait la conscience est celle d'avoir un corps. Telle est l'expérience primordiale du bébé à la naissance : se retrouver pris dans un environnement froid et hostile fait de contraires polarisés. Ce choc s'exprime à travers le cri du bébé : il ressent encore le lien avec sa demeure spirituelle qu'il a abandonnée.

Ce point est confirmé par la recherche moderne en psychothérapie : par des techniques de transe ou de régressions guidées, des chercheurs ont pu décrire les expériences primordiales au moment de la naissance. L'être qui, avant sa naissance, était en harmonie et à l'unisson avec le monde spirituel, s'en trouve brutalement séparé à la naissance, et se sent abandonné. Dans les années 1960, la psychologue Helen Wambach a conduit des expériences de régressions guidées en masse, avec plus de cent personnes à chaque fois, dont elle a retiré un grand nombre de récits d'expériences de naissance. En voici quelques exemples :

«L'expérience du passage dans le canal de naissance fut associée pour moi à une certaine impatience, et au constat que la tolérance serait une pierre de touche dans cette existence. Dès que je suis née, j'ai ressenti un froid très vif et une lumière éclatante. J'avais peur de ce qui se tenait face à moi. Je ressentais que les médecins et infirmières de garde étaient froids et impersonnels. La peur et la souffrance de ma mère leur restaient parfaitement étrangères[1].»

«L'expérience de la naissance a signifié pour moi le passage d'un espace vaste à un espace restreint. Après la naissance, j'ai vu des lumières très vives, qui me faisaient mal aux yeux. J'éprouvais un sentiment d'éloignement[2].»

«Dans le canal de naissance, j'avais l'impression d'être pressé contre une surface dure et musculeuse. Il me semblait que je ne pouvais pas me préparer à un tel événement. Dès que je suis sorti, j'ai ressenti un fort sentiment de séparation, de froid et de vulnérabilité. Les personnes présentes dans la salle de travail étaient gentilles, mais rationnelles, et je me sentais étranger à elles[3].»

Lors de la naissance, l'identité psychique éternelle se scinde en plusieurs niveaux de conscience. La liaison entre le Je terrestre et le corps donne lieu à la *conscience du corps.*

D'ailleurs, le corps terrestre ne peut vivre que parce qu'il est lié à l'âme. C'est ce que l'on appelle ici la *conscience psychique.*

---

1. Wambach H., *La Vie avant la vie*, Paris, 1979.
2. *Ibid.*
3. *Ibid.*

L'âme forme à son tour le chaînon entre le monde terrestre et l'au-delà. Elle constitue la dimension supra-temporelle de l'existence humaine. Immatérielle et invisible, elle est l'expression de l'esprit divin, dont elle a conscience indépendamment de la conscience corporelle du Je terrestre. C'est ce que l'on appelle la *conscience spirituelle.*

L'identité du Moi se compose de la conscience corporelle, de la conscience psychique et de la conscience spirituelle. D'autre part, tout être dispose d'une volonté libre. Chacun est libre de vouloir comprendre sa nature spirituelle et donc de s'élever avec elle, ou bien de s'identifier avec son corps, limité et périssable. La tâche de notre vie terrestre est de comprendre cette liaison à travers l'âme et d'apprendre à nous en servir.

Le corps, l'âme et l'esprit correspondent ainsi à des états de conscience différents, émanant d'une conscience éternelle. La faculté qu'a l'homme de réfléchir sur lui-même, condition essentielle de l'existence humaine, est de nature spirituelle. L'âme est le support, la forme et la matière de l'énergie de conscience qui constitue le socle de l'humanité.

Pour pouvoir exister, la conscience a besoin d'un corps de résonance. Celui-ci est l'esprit divin universel, dans lequel tout ce qui est, fut et sera, et tout ce qui a jamais été ou sera jamais pensé, est enregistré sous forme d'énergie. Chacun est donc une partie de l'Esprit supérieur qui englobe tout. La réduction du Je terrestre à sa conscience corporelle empêche bien souvent les hommes de prendre conscience de leur nature véritable, et les pousse à s'identifier à leur corps.

La perception d'une conscience indépendante du corps a déjà été démontrée par les travaux d'Helen

Wambach. La chercheuse a demandé aux volontaires à quel moment l'âme se lie au fœtus. Les sujets interrogés avaient l'impression qu'ils formaient une entité pleinement consciente séparée du fœtus, et donc que celui-ci ne faisait pas partie à proprement parler de leur conscience. La plupart privilégiaient la liberté de l'existence extracorporelle.

Le corps fœtal était perçu comme étroit et contraignant, et la plupart des participants à l'étude ne liaient leur conscience avec celle de l'enfant à naître qu'avec réticence. Les sujets inclus dans l'étude (750 au total) ont indiqué à 89% ne s'être liés au fœtus qu'à partir du sixième mois de la grossesse, et même à ce moment-là, ils étaient encore à la fois à l'intérieur et à l'extérieur du corps. La majorité du groupe a rapporté n'avoir lié sa conscience au corps que peu avant ou juste au moment de la naissance. Il n'est donc guère étonnant qu'ils aient eu pleine conscience des sentiments de leur mère. En tant qu'êtres intemporels s'incarnant dans un corps humain, nous ne sommes qu'un aspect de la conscience pure que nous avons toujours été et que nous serons toujours. Voici quelques exemples particulièrement parlants :

« Je n'étais pas entièrement liée au fœtus, et je pouvais aller et venir, et me mouvoir comme avant mon incarnation. Je remarquais les sentiments de ma mère ; elle avait peur. Je voyais aussi le médecin et les infirmières présents dans la salle d'accouchement[1]. »

« Je me suis lié au fœtus alors qu'il était presque sorti. Tout à coup, j'ai vu quelque chose d'effrayant, la peur, l'étroitesse. Je sentais que ma mère était terrifiée

1. *Ibid.*

et qu'elle nourrissait des sentiments ambigus vis-à-vis du fait d'avoir un enfant[1]. »

« Après la liaison, lorsqu'ils ont déclenché l'accouchement, j'avais le sentiment de flotter au-dessus de la table de travail. J'étais lié par un cordon et je me rendais compte que ma mère était pleine d'amour et d'impatience à l'idée de m'avoir[2]. »

Il est intéressant de noter ici que la liaison entre le corps et l'âme est décrite par le cordon d'argent. Comme le montrent les expériences de mort imminente, c'est précisément cette liaison qui permet à l'âme de se tenir à la fois à l'intérieur et à l'extérieur du corps.

Plus le Je se perçoit exclusivement par l'entendement (qui est un instrument du corps), plus la liaison avec le monde psychique interne lui échappe : les impulsions de l'âme, s'exprimant par la voix intérieure, sont refoulées avec crainte, parce que l'entendement tente de nier leur réalité. L'entendement et l'énergie corporelle forment alors une unité qui perçoit le Je terrestre comme une entité purement matérielle et gomme sa dimension psychique. C'est pourquoi tant d'hommes sont ancrés dans le monde matériel, visible, saisissable et mesurable.

C'est la conscience corporelle qui s'agrippe de toutes ses forces à la vie. Là se situe le siège de toutes les peurs, qui ont leur source dans l'expérience corporelle et terrestre. Plus une personne est accrochée au monde extérieur, plus sa conscience corporelle

1. *Ibid.*
2. *Ibid.*

projette d'angoisses, car elle sait que le corps est mortel – ce qui est à l'origine de toutes les peurs. Celui qui est incapable de lâcher prise et de se rendre en pleine confiance dans le monde de l'inaltérable s'accroche de toutes ses forces à la seule chose connue : la conscience corporelle. Cette scission avec la dimension psychique et spirituelle provoque douleurs et souffrance. Elle empêche bien des gens de mourir en paix. L'homme tombe alors hors de la totalité véritable que forment le corps, l'âme et l'esprit divin.

La séparation d'avec le corps

Au moment de la mort, l'âme se libère du corps, ce qui permet aux éléments d'origine de reformer leur unité initiale. Le Je fait l'expérience de la continuité de sa conscience, ce qui se traduit par les multiples perceptions subjectives et les descriptions faites par les témoins d'expériences de mort imminente.

Or, pour pouvoir rendre compte d'expériences à part entière, il faut que le Je humain demeure intact. On voit donc que l'homme garde son individualité après la mort, comme le montrent également les expériences de mort imminente. Ainsi, on perçoit par exemple l'aura qui émane d'un défunt, et les morts prennent l'aspect qu'ils avaient aux meilleurs moments de leur vie.

Dans les expériences aux confins de la mort, nombre de témoins rapportent avoir perçu un état originel du Je, qui a toujours été et qui demeurera toujours. Cela signifie une seule chose : chacun de nous possède une identité psychique éternelle, dont le Je terrestre n'est qu'un aspect.

Voici comment un homme m'a décrit cette réalité au cours d'un entretien que nous avons eu :

« Après un grave accident de la route, je me suis retrouvé hors de mon corps ; plus je m'approchais de la lumière au bout du tunnel, plus ma conscience s'élargissait, d'une manière telle que je saurais à peine l'exprimer. J'avais l'impression que je me défaisais de tout ce qui est terrestre, et j'ai compris que j'étais bien plus que tous les rôles que j'avais joués sur Terre jusqu'à présent : mari, père, banquier, sportif. Tout aboutissait à la compréhension du fait que j'étais une personnalité unique et éternelle. Je savais tout simplement que j'avais existé depuis l'origine des temps et que j'étais immortel. Mon petit Je terrestre s'étendait en une identité totalement inconnue jusqu'alors. Je me sentais former une plénitude comme jamais, et je désirais ne plus jamais quitter ce lieu de paix et de sérénité. »

On prend alors conscience des dimensions supérieures de l'être et on comprend que l'on représente plus qu'un être humain limité. Voilà pourquoi les témoins expriment tous le souhait de rester dans ce monde d'amour et de lumière.

Tous les rôles que nous nous attribuons durant la vie terrestre – père, mère, enfant… – perdent tout sens au regard de cette véritable identité éternelle dont nous retrouvons le souvenir. C'est ce qu'expriment les témoins en parlant d'un sentiment de complétude, de plénitude.

Au moment où le Je quitte le corps, différentes perspectives s'offrent à lui : il perçoit le corps qu'il a délaissé, souvent sans impulsion ni émotion. Il observe le double du corps terrestre, le corps astral ou éthérique, flotter au-dessus de celui-ci, qui reste encore lié par le cordon d'argent lors d'une EMI. Le Je terrestre se perçoit comme séparé de lui. Il se sent léger, sans poids, dépourvu de corps et sans forme, mais il continue de se percevoir comme individualité. Voici à ce sujet le récit d'une EMI :

« Je me suis rendu compte que ma conscience se séparait d'une autre conscience, qui était aussi moi. On pourrait les appeler conscience A et conscience B, et mon Moi était arrimé à ma conscience A. Je me suis aperçu que ma conscience B, celle qui appartient au corps, commençait à se délier, tandis que la conscience A, que j'étais à présent, se trouvait entièrement hors du corps, qu'elle pouvait maintenant observer. J'ai peu à peu compris nettement que je pouvais voir non seulement mon corps et le lit sur lequel il reposait, mais aussi tout ce qui se trouvait dans la maison et dans le jardin, mais encore à Londres, en Écosse, et partout où je dirigeais mon attention[1]. »

Cet exemple est particulièrement éclairant, parce que la scission de la conscience lors de la séparation d'avec le corps recoupe les souvenirs de l'existence prénatale mentionnés plus haut, qui décrivent l'union avec une conscience transcendante. Cet exemple très parlant montre que, dans tout état de conscience élargie, le Je passe de la conscience corporelle à la conscience psychique. Comme cet état est informe, le Je se perçoit à la fois hors du corps terrestre et hors du corps éthérique. Ce dernier, lorsqu'il est perçu, sert simplement à s'assurer que l'on est bien

1. Hoffmann A., *Lexikon des Jenseits* (« Lexique de l'au-delà », non traduit), Güllesheim, 2005.

passé dans le monde spirituel. Le sujet comprend alors qu'il est mort. C'est pourquoi les personnes expérimentées dans l'accompagnement vers la mort caractérisent cette séparation d'avec le corps comme quelque chose de nuageux, comme une vapeur, une brume. Un témoignage présente ce phénomène de la manière suivante :

« J'avais vu la vie de mon fils aîné sous forme de nuage, je l'avais vu s'extraire péniblement de son corps, tandis que je le tenais dans mes bras. C'était comme si des doigts invisibles tissaient un fil de soie, cette apparition flottante s'éloignait en rythme, jusqu'à s'évanouir à mon regard. »

Ce même point est décrit de manière analogue dans les deux extraits d'EMI suivants :

« J'avais conscience que je portais un vêtement blanc, une robe, je ne pouvais pas voir à travers ; c'était blanchâtre, nébuleux, c'était comme un vêtement de fromage blanc. »

« Je crois que j'étais un peu comme un nuage gris ; j'avais une certaine forme, mais pas celle de mon corps sur le lit[1]. »

L'âme est l'enveloppe d'où provient l'énergie qui conserve la vie, et l'élément qui se retire avec l'essence du Je terrestre au moment du décès. L'âme se trouvant à la fois à l'intérieur et à l'extérieur du corps – elle est en effet multidimensionnelle dans ses potentialités –, ce « quelque chose d'énergétique », parfois observable, est

1. Kalweit H., *Liebe und Tod. Vom Umgang mit Sterben, op. cit.*

le Je, enveloppé dans l'âme et transporté dans la réalité de l'Autre monde.

Au moment de quitter le corps, la puissance de vie se retire dans l'âme. Tout ce qui a formé l'homme en tant que personnalité n'existe plus. Dès lors que le cordon d'argent est tranché, le Je terrestre et l'âme perdent toute connexion avec le corps.

Une fois le cordon d'argent définitivement tranché, lorsque le souffle retourne à Dieu, l'image sensible du deuxième corps se défait, car le Je terrestre rejoint son âme, qui n'a pas de forme. Il fait alors l'expérience de l'omniprésence de la lumière.

La lumière est l'énergie de l'amour pur, à laquelle nous sommes tous reliés par l'étincelle divine en nous. Le témoignage d'une EMI précise à ce sujet :

« Je savais que cette lumière était un être, et je savais que cet être de lumière était Dieu. De plus, je ressentais que la lumière parlait. Juste avant qu'elle ne m'enveloppe, j'ai commencé à comprendre qu'elle me connaissait parfaitement[1]. »

Tout ceci démontre, une fois de plus, que durant notre vie, nous sommes déjà porteurs de cette étincelle divine.

---

1. Ring K., Elsässer-Valarino E., *Lessons from the Light*, *op. cit.*

6

Rencontres avec des défunts

Retrouvailles au cours d'EMI

Les récits d'expériences de mort imminente comportent fréquemment des rencontres avec des défunts. Nombre de témoins sont accueillis dès leur passage dans l'autre monde, ou bien accompagnés dans leur voyage dans l'au-delà.

Une participante à un séminaire m'a raconté :

« J'ai ensuite été attirée dans un tourbillon, un tunnel en forme de spirale, au bout duquel brillait un point lumineux. En m'approchant, tout s'est éclairé, et j'ai vu mes deux parents qui venaient m'accueillir. Mes peurs se sont évanouies face à la joie inespérée de les retrouver. Ce qui m'a le plus surprise fut leur aspect éclatant. Mes parents étaient morts cinq ans auparavant dans un accident de voiture qui les avait lourdement mutilés. Cela m'avait toujours hantée, mais là, je les retrouvais sains et saufs, et je me sentais submergée d'amour. »

Un homme, touché au ventre par une balle tirée involontairement par son frère, qui a pénétré jusqu'à la colonne, a rencontré au cours de son EMI plusieurs proches défunts :

« Tous mes sens étaient pris de vertige, mais j'avais pourtant l'impression que tout devenait plus lumineux, et je voyais beaucoup de gens. En plus de ma mère, de mon frère et du médecin, d'autres personnes se trouvaient là, déjà décédées, dont mes grands-parents ; tous se réjouissaient. Ensuite, tout est devenu sombre, je n'entendais plus que des voix isolées, puis plus rien[1]. »

L'une des conclusions essentielles de ces témoignages de rencontres avec les défunts est que nul ne meurt seul. Nous sommes accueillis par des êtres qui nous guident, enveloppés de lumière et d'amour. Une femme parle ainsi de son parrain Ben, qu'elle a aimé plus que tout :

« Tout à coup, il était là, comme illuminé d'une lumière intérieure. Il souriait, il ne portait plus trace des terribles souffrances qu'il avait endurées à la fin de sa vie. Avec Ben à mes côtés, je savais qu'il ne pouvait plus rien m'arriver. Jamais je n'avais été aussi heureuse qu'à cet instant[2]. »

Vu la fréquence des événements de ce type, cet aspect des EMI invalide l'argument qui voudrait que ces phénomènes ne soient liés qu'à des perceptions résiduelles du cerveau mourant. D'autre part, il s'agit bien souvent de rencontres tout à fait inattendues, et

---

1. Bieneck *et al.*, *Ich habe ins Jenseits geblickt*, *op. cit.*
2. St Clair M., *Near-Death Experience: The Illustrated Dossier*, *op. cit.*

il n'est pas rare qu'un témoin rencontre une personne qu'il croyait encore en vie.

« À seize ans, j'ai eu un grave accident de mobylette. Je suis resté presque trois jours dans le coma. Durant cette période, j'ai fait une expérience très marquante [...]. Finalement, je suis arrivé à une sorte de barrière métallique, derrière laquelle se tenait G., le père du meilleur ami de mes parents. Il m'a dit que je n'avais pas le droit d'aller plus loin. Lorsque j'ai repris conscience et que j'ai raconté cette histoire à mes parents, ils m'ont dit que G. était mort et avait été enterré pendant que j'étais dans le coma. Je ne pouvais absolument pas savoir qu'il était mort[1]. »

Une femme m'a écrit :

« Tandis que j'avançais en flottant vers cette lumière, j'ai vu un enfant qui me faisait signe. Je savais qu'il s'agissait de ma sœur, qui était décédée avant ma naissance. Par télépathie, elle m'a fait savoir que mon heure n'était pas encore venue. Des mois plus tard, j'ai raconté l'événement à ma mère. Elle m'a montré une photo de Christine, que je n'avais encore jamais vue. Elle était exactement telle qu'au cours de mon EMI. »

Un élément frappant de tous ces récits est que les défunts ont presque toujours l'air plus jeunes, ils sont perçus tels qu'ils étaient aux meilleurs temps de leur vie ; on voit donc que, par sa nature spirituelle, l'âme est toujours saine et entière. L'identité de l'âme existe hors du corps, indépendamment des limitations physiques ou psychiques, car celles-ci sont toujours de

1. Van Lommel, *Consciousness beyond Life*, *op. cit.*

nature biologique et corporelle, et n'affectent pas l'âme, qui reste toujours intacte.

La cause de la mort de la personne n'a pas d'influence sur l'état de son âme : qu'elle ait souffert d'un cancer, d'une maladie psychique, de la perte d'un membre à la suite d'un accident, de la maladie d'Alzheimer ou de démence, elle demeure intacte. Les personnes en fauteuil roulant disent toutes avoir pu marcher et danser dès qu'elles se sont trouvées hors de leur corps ; toutes étaient libérées des entraves corporelles. Voici le témoignage d'une femme :

« L'un des plus forts sentiments de joie fut pour moi de voir ma grand-mère venir à ma rencontre sur ses deux jambes. »

Les enfants morts en bas âge sont vus plus grands, voire adultes. Les vivants les reconnaissent infailliblement. Un homme m'a fait ce récit au cours d'un séminaire :

« Tandis que je flottais au-dessus de la salle d'opération, j'ai aperçu un tunnel, vers lequel j'ai été attiré comme par magie. Tout à coup, j'ai noté une présence : j'ai reconnu mon frère, mort à cinq ans d'une méningite. Sa silhouette était entourée d'une lumière vive ; c'était un homme d'environ vingt-cinq ans. J'étais extrêmement surpris de le revoir et j'ai pensé : *comme il a grandi* ! Je suis très heureux de cette rencontre, et je sais que mon frère est auprès de moi. »

Certains font même l'expérience de retrouvailles avec plusieurs proches. À la suite d'une chute du troisième étage d'un immeuble, Bob a été atteint de graves lésions cérébrales. Il relate :

« Tous mes proches décédés étaient là, tous dans la fleur de la vie. Ils étaient, je dirais, habillés dans le style des années 1940, époque qui correspond à l'apogée de leur vie. J'en connaissais certains, comme mon grand-père, mais d'autres personnes étaient présentes, comme des oncles et tantes que je n'avais jamais rencontrés[1]. »

Après s'être blessé accidentellement avec un couteau, Peter a failli mourir en perdant son sang. Il avait alors six ans.

« Alors, j'ai regardé à gauche, et j'ai vu ma grand-mère, morte alors que j'avais neuf mois. Auprès d'elle, je voyais tous mes proches décédés, des milliers. Ils m'apparaissaient sous forme d'esprits translucides[2]. »

Les retrouvailles avec des intimes décédés sont toujours décrites comme des moments de joie et d'extase extraordinaires. On assiste alors à un échange, à une fusion des énergies, inoubliable pour les témoins. L'exemple qui suit nous éclaire sur cette joie des retrouvailles :

« J'ai été attiré hors de mon corps, vers cette lumière. La toute première chose que j'ai vécue, c'est l'accueil chaleureux des défunts qui avaient le plus compté pour moi. Il y avait avant tout ma grand-mère paternelle. Ce qui m'a beaucoup frappé, en y repensant, c'est que je ne la connaissais pas du tout, car elle était morte avant ma naissance. Mais elle était là pour me saluer. Cet

1. Long J. et Perry P., *Evidence of the Afterlife, op. cit.*
2. *Ibid.*

accueil m'a submergé, c'était pour ainsi dire comme un océan d'amour[1]. »

La vie après la mort n'est pas un vœu pieux, mais une réalité absolument indéniable. Pour les témoins qui en ont fait l'expérience, ces retrouvailles avec les proches décédés sont la preuve ultime de la réalité de la vie dans l'au-delà. La brume de l'oubli se disloque et ils se retrouvent face à des personnes auxquelles ils n'avaient plus repensé depuis des années ; c'est pourquoi ils se sentent si bien accueillis dans l'au-delà.

La communication avec d'autres êtres ne s'effectue pas par le langage humain ordinaire, mais par transmission de pensée. Un récit indique :

« C'était comme une fenêtre : tandis que j'étais dans la lumière, il y avait ma belle-mère, mon grand-père, et la femme d'un de mes professeurs, à qui je m'étais beaucoup attachée. Nous *parlions* ensemble, nous nous *voyions*, nous nous percevions comme *humains*, l'atmosphère était pleine d'amour, mais c'était une conversation sans paroles. Nous nous comprenions sans avoir besoin de communiquer, au sens ordinaire du terme[2]. »

L'essence individuelle de chacun se perpétue, ce qui fait que dans l'au-delà, nous pouvons reconnaître les personnes qui nous ont été proches. Les nombreux récits de rencontres avec des défunts attirent notre attention sur le fait qu'il s'agit de retrouvailles spirituelles, et en aucun cas de rencontres se déroulant sur le plan corporel. En soi, l'âme est sans forme : c'est

---

1. Bieneck *et al.*, *Ich habe ins Jenseits geblickt*, *op. cit.*
2. *Ibid.*

pourquoi des images du Je terrestre ou des émanations énergétiques viennent à la rencontre du témoin, afin que celui-ci soit capable de reconnaître les défunts. S'il avait affaire à un point blanc, il aurait bien du mal à identifier sa mère ou son ami.

Tous ces processus se produisent sur un plan énergétique dans lequel espace et temps sont abolis, ce qui nous donne un aperçu de la nature immatérielle du monde spirituel. Ce qui demeure caché aux impressions sensorielles de la vie ordinaire se révèle à présent à cet état de conscience élargi. C'est pourquoi les témoins ont tant de mal à relater ce qu'ils ont vécu en termes appropriés.

« Derrière ce rideau de lumière que j'avais enfin franchi, tout n'était que joie, rires de milliers de voix humaines, soulignés par une merveilleuse musique, très douce, qui n'existe pas ici-bas. Je sais aujourd'hui pourquoi je ne voyais pas de personnes proprement dites : nous étions tous des âmes invisibles[1]. »

Voici un autre récit sur le même thème :

« Des personnes venaient à moi avec joie, semblables à des nuages, transparentes, et pourtant clairement reconnaissables. Des proches décédés depuis longtemps, des amis, tous exultaient, mais sans un bruit. Nul ne parlait, et pourtant tous disaient quelque chose, et je les comprenais. Tous se déplaçaient avec vivacité, mais sans précipitation ni agitation. Il régnait une intense activité, mais sans action proprement dite. Les lieux, les maisons étaient en pleine campagne, sans

1. *Ibid.*

murs ni clôtures. Tout était substantiel mais sans corps, tout luisait d'une transparence lumineuse[1]. »

La fréquence de ces rencontres avec des défunts montre que nous retrouverons ceux qui nous sont chers. Dans l'une de ses études, Jeffrey Long voit dans ce phénomène la preuve de la vie après la mort ; pour lui, ces expériences sont une réalité indubitable.

Dans ce contexte, j'aimerais m'attarder sur le phénomène que l'on appelle « visions sur le lit de mort » ou « visions d'agonie ». Au cours de l'agonie, l'âme se détache peu à peu du corps, ce qui permet au mourant d'être réceptif, par des perceptions suprasensibles, au monde spirituel qui nous environne en permanence. Ces visions font partie intégrante du processus d'agonie et rappellent aux proches présents auprès du mourant la réalité d'une force supérieure. Elles surviennent le plus souvent quelques jours ou quelques heures avant la mort effective, et sont vécues par le mourant en pleine conscience.

De l'extérieur, ce phénomène est en général reconnaissable au fait que les yeux changent d'expression : ils sont grand ouverts et semblent éclairés d'une lumière intérieure. Certains mourants regardent fixement un coin de la pièce ou le plafond. Les proches ont souvent l'impression qu'ils perçoivent quelque chose qu'eux-mêmes ne peuvent pas voir. La plupart des mourants lèvent alors leurs mains, comme s'ils avançaient vers un but imaginaire. Ils parlent souvent de proches décédés qu'ils reconnaissent et qui viennent les chercher.

La séparation de l'âme et du corps permet au mourant d'accéder à un état de conscience élargie,

---

1. Van Lommel, *Consciousness beyond Life*, *op. cit.*

grâce auquel il peut réellement percevoir la présence d'êtres spirituels. On voit, là encore, que nul ne meurt seul, et que jamais nous ne sommes vraiment séparés des morts.

La pratique de l'accompagnement des mourants en hospice au cours de ces vingt dernières années a permis de recenser un très grand nombre de descriptions et de récits de ces phénomènes. Les livres et brochures consacrés aux expériences d'accompagnement des défunts relatent d'innombrables visions d'agonie. Il est grand temps de comprendre ce que cela signifie pour notre vie : *la mort n'est qu'une illusion.* Si nous soutenons le mourant pour qu'il sache accueillir la mort et avoir confiance en l'éternité de son âme, nous sentirons la douce et silencieuse présence de l'amour infini à la source de tout être.

« Après un grave infarctus, mon père était en soins intensifs depuis plusieurs jours. Toute la famille savait qu'il allait mourir. Nous nous sommes arrangés pour qu'il y ait toujours quelqu'un auprès de lui. Quelques minutes avant sa mort, il a soudain ouvert les yeux, des yeux pleins d'un amour indicible, qui brillaient de l'intérieur. Il regardait fixement le mur devant lui, répétant le nom de son père, mort depuis trente ans. En voyant l'étonnement et l'amour qu'exprimait son regard, j'ai deviné avec quelle force il ressentait l'amour que lui transmettait son père. Il a alors pu lâcher prise, et la pièce s'est emplie de paix et de silence. Je sentais une présence. Sur son visage s'est reflété quelque chose que je ne saurais décrire. C'est avec ce regard vers le lointain qu'il s'est éteint. »

Contacts *post-mortem* spontanés

Les retrouvailles avec les défunts et les visions d'agonie prouvent incontestablement la réalité de la vie après la mort, confirmée aussi par les millions de contacts *post-mortem* recensés. Pourtant, rarement un sujet aura fait l'objet d'un tel tabou que celui des contacts spontanés avec les morts.

Nous n'avons pas l'habitude de parler de nos propres perceptions de la présence de défunts, ni des nombreux signes montrant que leur vie se poursuit au-delà du seuil de la mort. Nous avons plutôt tendance à douter de nos propres perceptions et cherchons parfois à analyser de manière intellectuelle une tentative de contact d'un défunt, alors même que la réalité de notre expérience s'y oppose. On peut reconnaître l'authenticité d'un contact avec un défunt au fait qu'il se produit à l'initiative de celui-ci, et ne provient pas de nous.

Par l'amour, nous sommes toujours liés aux défunts, où qu'ils se trouvent dans le monde des esprits. La fréquence et la variété des contacts avec les morts – qui concernent environ la moitié de la population d'un pays – confirment cette vérité indéniable : les morts restent bien vivants. Ils veulent nous rassurer et nous faire savoir qu'ils sont encore avec nous.

Ce qui nous manque avant tout, c'est la confiance : confiance dans le fait que nous sommes protégés par Dieu, confiance dans les impulsions profondes de notre âme, toujours liée à l'au-delà. Avec cette confiance, nous pourrons parvenir à la certitude de l'immortalité. La présence réelle d'un défunt bien-aimé, sous quelque forme que ce soit, est toujours inséparable d'un sentiment intime d'amour, de chaleur et de protection, qui se répand depuis l'intérieur. La peur, l'incertitude face à l'inconnu peuvent souvent empêcher une tentative de prise de contact avec l'autre monde.

Le sentiment de présence d'un proche décédé est très fréquent et peut se produire dans toutes les situations quotidiennes. Cette survenue soudaine et inattendue est un indice supplémentaire de l'authenticité de ces contacts. Le témoin sait alors intuitivement de qui il s'agit, ce qui est en soi assez remarquable. Le père décédé, la tante Anna, chacun émane d'une manière particulière et reconnaissable, qui rend sensible sa présence. Les témoins savent donc exactement qui prend contact avec eux ; ces liaisons ne peuvent être ni provoquées, ni manipulées par des tiers.

La présence réelle d'un défunt étant une expérience très subtile et intuitive, il n'est pas étonnant que certains la remettent en question comme si c'était un épisode imaginaire ou la manifestation d'un désir. Pourtant, chaque témoin sait très bien, au fond de lui, qu'il a ressenti la présence réelle de telle personne. Ces doutes tiennent au caractère insaisissable de l'expérience et au préjugé selon lequel il est impossible que les défunts puissent nous faire signe.

Voilà pourquoi presque personne ne parle de ses expériences autour de lui. Si nous abordions ce sujet plus ouvertement, nous nous rendrions compte que les contacts spontanés avec les morts sont très répandus.

« Marianne faisait le deuil de son père, décédé brutalement d'un infarctus. Elle ne parvenait pas à accepter sa mort. Un après-midi, alors qu'elle était assise dans son salon à regarder un film, la télé s'est tout à coup éteinte d'elle-même, et Marianne a ressenti la présence aimante de son père. Comme surgi du néant, il était là, avec elle, dans la pièce. Elle a ressenti sa présence familière et s'est sentie enveloppée d'une douce chaleur. Son père lui a fait savoir par télépathie qu'il était heureux là où il se trouvait désormais, et qu'elle devait arrêter de se faire des soucis, car tout allait bien. Pour elle, c'était comme si le temps s'était arrêté. Cet état quasiment euphorique a duré presque vingt minutes. Cette expérience l'a consolée et lui a permis d'accepter la mort de son père. »

Outre l'intensité des sentiments, ce type d'épisodes s'accompagne souvent d'états de conscience élargie. C'est comme si nous captions une plus haute fréquence de l'être, grâce à laquelle la frontière entre ce monde-ci et l'au-delà semble abolie. Très souvent, ce sentiment de la présence d'un proche s'accompagne de la perception d'odeurs associées à cette personne. L'odeur surgit brusquement et ne correspond pas à la situation. Il peut s'agir du parfum de la personne, d'une odeur de tabac, de fleurs, ou d'autre chose. C'est un signe de reconnaissance grâce auquel le témoin peut identifier facilement le défunt.

« Ma mère est morte dans un accident. Pendant des semaines, j'ai prié pour recevoir un signe ou des nouvelles d'elle. Un après-midi, alors que j'étais assise dans le jardin, j'ai senti son odeur de lavande typique. La présence de ma mère m'enveloppait doucement, et je sentais son amour. Elle m'a dit qu'elle était toujours auprès de moi. J'ai été très soulagée de savoir qu'elle allait bien. »

Il existe d'autres formes de contacts : apparitions, rencontres en rêve avec les défunts, phénomènes électriques, ou contacts symboliques par des événements naturels survenant dans un contexte particulier. Les lecteurs qui veulent en savoir plus sur les contacts *post-mortem* peuvent lire mes livres *L'Espérance des retrouvailles* et *Rencontres avec l'au-delà* (non encore traduits).

Expériences de mort imminente par empathie

À propos des EMI, j'aimerais à présent attirer l'attention sur un phénomène méconnu, celui des EMI par empathie. Dans la littérature spécialisée, on parle de « mourir avec » quelqu'un. Ces événements reposent sur la puissance d'empathie et la force des sentiments ressentis lors de la mort d'une personne aimée. Les témoins ressentent, par perception extracorporelle, le passage d'une autre personne dans l'au-delà. Anne est morte lors d'un accident de la route, et son fils de sept ans, gravement blessé à la tête, est mort cinq jours plus tard. Un ami de la famille, présent à ce moment-là, raconte qu'au moment où il est mort, lorsque son EEG est devenu plat, il a vu sa mère qui venait le chercher. Elle était morte cinq jours plus tôt. Il y a alors eu des retrouvailles merveilleuses. À un moment, elle lui a tendu la main et l'a attiré dans ses bras. C'était extatique, indescriptible. Une partie de lui a alors quitté son corps et l'a accompagnée vers la lumière. Il savait que cela pouvait sembler étrange, alors même qu'il était en train d'accompagner Anne et son fils vers la lumière, il était pleinement conscient, et en même temps, il était dans la pièce où toute la famille se trouvait réunie, pleurant la mort du petit garçon. Il allait avec la mère et l'enfant, ils marchaient ensemble vers la lumière ; pourtant, à un moment précis, il a su qu'il devait s'en retourner. Il est retombé dans son corps. Cette expérience l'a submergé à tel point qu'il rayonnait littéralement de bonheur ; tout à coup, il s'est rendu compte qu'il se trouvait, souriant et radieux, au milieu de cette famille qui venait à l'instant de perdre un enfant.

D'autres rapportent n'avoir pas été présents sur le lieu de mort, mais les personnes qui viennent de décéder atteignent alors leur conscience, leur permettant de vivre intensément le passage dans l'au-delà. Comme nous l'a révélé l'exemple précédent, ces expériences par empathie présentent toutes les caractéristiques d'une EMI. Les témoins vivent un épisode extracorporel, se voient eux-mêmes d'en haut, passent dans le tunnel vers la lumière, et voient des apparitions d'autres proches décédés.

Au cours d'un séminaire, une femme âgée m'a relaté comment elle avait vécu par empathie la mort de son fils.

« À la suite d'un infarctus, mon fils était en centre de soins intensifs. Nuit et jour, j'étais assise à côté de son lit, jusqu'à ce qu'une infirmière me renvoie à la maison. Je suis alors tombée dans un sommeil de plomb, puis j'ai soudain perçu que je me trouvais hors de mon corps. J'ai vu mon fils s'éloigner en flottant dans un tunnel. Christian a pris ma main et nous avons avancé ensemble vers la lumière. Par télépathie, il m'a dit de m'arrêter, tandis qu'il s'immergeait dans la lumière et se fondait en elle. Il m'a souri et m'a dit de ne pas me faire de soucis. Peu après, je me suis réveillée, j'étais à nouveau dans mon corps. J'ai tout de suite su que mon fils était mort. Peu après, l'hôpital a appelé pour me le confirmer. Cette expérience m'a apporté le calme et la paix, et m'a aidée à accepter sa mort. »

À l'heure actuelle, les baby-boomers sont confrontés à la mort des personnes nées avant ou pendant la guerre. Ceux qui ont actuellement cinquante ou soixante ans sont plus ouverts d'esprit sur les questions spirituelles et sur la vie après la mort. De nombreuses femmes ont été témoins des avancées réalisées par Kübler-Ross et Moody ; c'est pourquoi beaucoup s'engagent bénévolement dans les hospices.

Cette empathie naturellement acquise et cette sensibilité accrue aux processus à l'œuvre lors de la mort expliquent la multiplication des récits d'EMI par empathie. Pamela Kirchner, médecin dans un hospice, a qualifié ces expériences d'« EMI partagées ». Une personne qui travaille comme aide-soignante dans un hospice m'a raconté :

« Atteinte d'un cancer des os, Mme Müller n'avait plus que quelques jours à vivre. Je l'accompagnais depuis des mois, mais je voulais partir en vacances avec ma famille. Je n'oublierai jamais cette nuit-là. J'étais dans la véranda de notre maison de vacances, au bord de la mer, quand j'ai senti la présence de Mme Müller, comme si elle m'appelait à elle. Tout à coup, je me suis trouvée hors de mon corps, et je me regardais d'en haut, étonnée. Au même instant, j'étais dans la chambre de Mme Müller. Je voyais son mari, qui était présent, ainsi que sa mère décédée, qui de toute évidence venait l'accueillir. Mme Müller se trouvait dans un coin de la pièce et me faisait signe joyeusement. Puis, tout à coup, je suis retournée dans mon corps. Quelques heures plus tard, ma collègue m'a confirmé la mort de Mme Müller, en présence de son mari. »

L'accident de Remo

Lorsque nous parvenons à développer une confiance profonde dans la présence d'un défunt bien-aimé, il peut arriver que celui-ci nous soutienne non seulement pour la conduite générale de la vie, mais aussi en nous aidant dans des situations quotidiennes très concrètes. L'expérience très riche et intense de Ramona, décrite ci-dessous, est tout à fait hors du commun. Elle démontre que la foi et la confiance rendent possibles des choses que nous ne pouvions sans doute même pas imaginer. D'après moi, ces phénomènes sont la preuve que chacun peut participer au tournant de la conscience auquel on assiste à notre époque, à condition de se rendre disponible pour cela. Les limites entre notre monde et l'au-delà commencent à s'abolir. Certains signes indiquent même que les morts tentent de nous soutenir dans ce processus de transformation globale, à condition que nous nous en rendions dignes. Pour cela, amour et dévouement sont des conditions indispensables.

Remo est né le 24 décembre 1985, atteint de trisomie. Il était un rayon de soleil dans la vie de Ramona. Il émanait de lui douceur et joie et, malgré son handicap, il avait le don de toucher au cœur. Sa mère affirme que c'est grâce à lui qu'elle a compris ce qu'était l'amour inconditionnel.

L'accident tragique qui a coûté la vie à Remo est survenu le 21 octobre 2007 ; comme souvent dans ces cas-là, il fut précédé de prémonitions, de comportements inhabituels et de coïncidences troublantes. Ramona ressentait fortement qu'un grand changement se préparait. Remo devenait de plus en plus calme et tendre. Ce jour fatal, elle voulait, comme elle le faisait souvent, aller avec son fils chez sa grand-mère. Il n'avait pas toujours envie, mais ce jour-là, il était plein de joie et semblait euphorique. Avant de monter en voiture, il s'est tout à coup mis à danser.

Une fois à bord, il est redevenu exceptionnellement calme. Il était assis à l'arrière, et Ramona pouvait contempler dans le rétroviseur intérieur ses yeux pleins de douceur et de bonté paisible. À cet instant, leurs âmes se sont touchées, et ce fut comme une sorte d'adieu silencieux au temps qu'ils avaient passé ensemble sur Terre.

Ramona comprit par la suite que la dernière année de la vie de son fils avait été un processus de maturation spirituelle unique, qui trouvait sa plus haute expression dans cet instant de communion des âmes. Ces prémonitions de Ramona, naturellement inconscientes, indiquant un changement radical dans son existence, ainsi que les signes d'euphorie manifestés par Remo ce jour-là, sont des présages fréquents accompagnant une mort brutale. On constate sans cesse que des signes, compris seulement *a posteriori*, montraient déjà que la personne concernée avait indirectement conscience de l'imminence de sa mort.

L'âme humaine connaît sa destination et donne les impulsions correspondantes. Ces signes peuvent toucher le Je terrestre de la personne, ou bien se manifester à ses proches. C'est pourquoi Ramona éprouvait une agitation croissante au cours des mois qui ont précédé l'accident. Elle savait que des transformations allaient les affecter, elle et son fils.

Le jour de cet accident fatal, peu après cet instant de communion des âmes, la voiture de Ramona est venue percuter un véhicule dont la conductrice avait raté son virage. Ramona est alors entrée dans une sorte de transe, a entendu le choc, mais n'a rien senti. Remo était assis à l'arrière, comme inconscient. Il avait l'air de dormir, mais il saignait fortement du nez. Hébétée, sa mère est sortie de la voiture et a tenté de l'aider; à l'instant, elle a été saisie de douleurs très violentes à l'épaule, et elle respirait à peine. Les premiers secours sont alors arrivés sur le lieu de l'accident, suivis de près par la police. Ils ont extrait Remo du véhicule et l'ont allongé sur une couverture. Comme en rêve, Ramona a perçu la plaque d'immatriculation de la voiture qui avait provoqué l'accident: NN-12-85, la date de naissance de Remo! Un urgentiste lui a administré un antalgique, mais elle ne savait toujours pas ce qu'il en était de son fils. Peu après, un médecin lui a déclaré que Remo était mort. Ramona ne pouvait pas l'admettre. «Non, ce n'est pas vrai, c'est un cauchemar, Remo est à la maison, il m'attend!»

Malgré ses propres blessures, très graves (destruction de toute l'épaule et de la partie supérieure du bras, écrasement de la cage thoracique et côtes cassées), elle insista pour qu'on la ramène à la maison. Ce fut dans l'appartement vide qu'elle se rendit compte que son fils avait effectivement perdu la vie. Remplie de désespoir et de rage impuissante, elle se laissa transporter à l'hôpital.

Premiers signes

Dans un état préoccupant, Ramona devait subir une lourde opération. La nuit d'avant, elle a vu une étoile qui l'a consolée. Très agitée, elle sentait au fond d'elle-même la proximité de Remo, mais ne comprenait pas encore ce signe impalpable de sa présence. Après l'opération, les douleurs se sont encore aggravées, devenant insupportables. Désespérée, elle s'est tournée vers son fils. « Remo, ta maman n'en peut plus, aide-moi s'il te plaît ! » À son grand étonnement, le lendemain, toutes ses douleurs s'étaient évanouies.

Quelques jours plus tard, elle a reçu la visite de la femme à l'origine de l'accident ; en sa présence, elle a pu pleurer pour la première fois et prendre conscience de tout ce qui lui restait à dire à son fils. De nouveau, elle a ressenti la présence et la proximité de celui-ci, mais elle ne comprenait pas ce qui se passait, car elle croyait alors qu'avec la mort, tout est fini.

Peu avant les funérailles, elle devait passer des radios, le médecin voulant s'assurer qu'elle était bien en état de rentrer chez elle. Au moment où elle est entrée dans la salle d'examen, l'alarme s'est déclenchée dans toute l'aile de l'hôpital, suivie d'une brève coupure de courant. À présent, Ramona sait que les morts se manifestent souvent par des phénomènes électriques.

Chez elle, la première chose qu'elle a faite a été d'allumer une bougie devant une photo de Remo. Puis, elle est allée dans la chambre de son fils et s'est aperçue que ses douleurs s'y apaisaient. Ensuite, rassemblant son courage, elle s'est rendue au funérarium pour lui dire adieu. Il était exposé dans un cercueil bleu étoilé. Elle embrassa son front, caressa ses mains, et le remercia pour toute la joie et tout l'amour qu'il avait apportés dans sa vie. Ce dernier adieu est d'une extrême importance pour les proches du défunt, pour qu'ils puissent s'assurer que l'être aimé est bien mort, notamment en cas de décès brutal.

Le 3 novembre, l'enterrement eut lieu, en présence d'une foule nombreuse : lors de son dernier jour d'école, Remo avait offert à chacun de ses professeurs une rose rouge. En raison de l'affluence, il avait fallu installer des haut-parleurs pour la cérémonie. Alors que le prêtre s'apprêtait à commencer son sermon, il y eut une coupure totale d'électricité, restée inexpliquée. Mais Ramona ressentit une fois de plus la présence forte de son fils.

Phénomènes multiples

Après les funérailles, Ramona a sombré dans un trou noir de deuil. Profondément désespérée, elle a perdu tout appétit pour la vie. Comme dans tant de situations de ce type, elle se demandait pourquoi elle était encore en vie ; Remo lui manquait infiniment. Alors, elle a commencé à mettre dans ses prières tous ses soucis et toutes ses peines, et à tout confier à son fils, s'en remettant à lui pour tout. Chaque soir, elle priait : « Dieu, prends Remo avec toi, en ce lieu plein d'amour, de lumière et de gloire. »

Elle se rendait chaque jour au cimetière. Début décembre, alors qu'il faisait très doux pour la saison, il se mit à pleuvoir fortement, puis tout à coup, le soleil traversa les nuages et un magnifique arc-en-ciel apparut. Un contact symbolique de ce type constitue un evais passer en voiture juste devant le lieu de l'acci-ent. J'ai juste réussi à me ranger à droite et à m'arrê-r. Jamais je n'avais crié aussi fort ; tout ce qui était sté figé en moi depuis ce jour-là est ressorti d'un up, comme par une soupape. Je ne pouvais pas uger, j'étais comme paralysée. J'ai crié : "Remo ! J'ai ussi !" Il m'a fallu du temps avant de pouvoir sortir la voiture. J'avais acheté un bouquet de roses pour cimetière. Je l'ai pris, et après plus de deux ans, pu poser mes premières fleurs à l'endroit où mon ur s'était brisé. »

Quelques jours plus tard, cette femme a vécu, de nière inattendue, le point culminant de sa relation rituelle avec Remo : son bras droit, gravement atteint de l'accident, qui était si douloureux qu'elle devait evoir de la morphine, et qu'elle risquait l'ampu-on, a été guéri par son fils. Elle décrit ce qu'elle a senti alors : « Une vague d'amour et de chaleur tra-se tout mon corps. Mon bras droit devient tellement ud qu'il en est littéralement bouillant. J'ai fermé les x, mais je suis bien éveillée. Je vois Remo, en com-nie d'un jeune homme, très mince, aux cheveux s, avec des pattes sur les joues. »

e lendemain, elle commence à réduire la mor-ne. Elle sent des transformations importantes dans corps et retrouve de l'énergie. C'est incroyable : es les douleurs ont disparu, et Ramona peut bouger bras, comme si elle n'avait jamais rien eu – malgré nombreuses vis et broches qui tiennent ses os. e guérison miraculeuse reste inexplicable pour les ecins, et pourtant elle a bien eu lieu. Ses canaux tuels se sont ouverts de plus en plus, de même que apacités de vision et de perception.

signe puissant d'espoir, et nombreux sont ceux qui en font l'expérience.

À l'approche de l'anniversaire de Remo, la veille de Noël, Ramona replongeait dans le désespoir et restait dans sa chambre toute la journée. Son fils, ordonné et méticuleux, voulait que chaque chose soit rangée à sa place précise. Elle prit le livre qu'il préférait, le feuilleta, puis le laissa traîner dans la chambre. Le lendemain, elle s'aperçut à son grand étonnement qu'il était à nouveau à sa place ! Pour la première fois, elle sentait à nouveau quelque chose qui ressemblait à de la joie, même si sa raison refusait encore de comprendre ce qui se passait réellement. Il n'est pas rare que les défunts manifestent leur présence en déplaçant des objets.

Quelques jours plus tard, Ramona sentit la présence familière de son fils ; elle était allongée sur le canapé du salon lorsqu'elle le sentit proche d'elle, et la caressant.

Malgré tout, une question l'obsédait sans relâche : Remo allait-il bien ? Le soir de Noël, elle se rendit chez sa mère. Là, les animaux devinrent soudain fous : le chat se mit à sauter sur la cage des perruches qui, prises de panique, s'enfuirent en volant dans tout l'appartement. Dans sa douleur de vivre le premier anniversaire de son fils depuis son départ, elle ne remarqua pas qu'il s'agissait de signes de sa présence. Pourtant, c'est un fait empiriquement établi que les animaux domestiques sont capables de repérer la présence d'un défunt grâce à un sixième sens ; ils présentent alors un comportement anormal.

Quelques jours plus tard, Ramona reçut la preuve absolue de la présence de son fils. Tandis qu'elle était de nouveau en train de regarder le ciel étoilé, elle aperçut soudain la tête et le visage de Remo, baignés de lumière. De lui émanaient des rayons lumineux tels qu'elle n'en avait encore jamais vus. Rapportant l'événement, elle écrit : « J'en ai eu le souffle coupé. Je sentais mon cœur battre jusqu'au bout des doigts, et je respirais avec peine. J'ai demandé à Remo "c'est toi?", et il a fait signe que oui. Il est impossible d'imaginer ce que l'on ressent lorsque celui que l'on aime le plus au monde, et que l'on croyait avoir perdu pour toujours, se montre ainsi, et que l'on a la certitude que tout n'est pas fini. »

Ce fut pour elle un instant de joie sans limite. Toute sa tristesse s'évanouit face à la certitude que Remo vivait éternellement dans la lumière de l'amour de Dieu. Pendant plus de trois heures, elle parla par télépathie avec lui. Elle sut alors avec certitude qu'il allait bien ; elle vit ensuite son grand-père et son oncle auprès de lui. Depuis lors, il ne s'écoule plus un jour sans que Ramona ne communique avec son fils. Elle a retrouvé la joie et l'envie de vivre. « À travers Remo, je perçois en mon cœur l'amour visible et sensible de Dieu. »

Jusqu'à cet événement, Ramona n'avait parlé à presque personne des signes multiples de la présence de son fils. À partir de là, elle s'est mise à en parler ouvertement, non seulement avec sa famille, mais aussi avec une psychologue, pour qui son rétablissement était inexplicable.

Depuis son grave accident, Ramona n'avait jamais repris le volant, mais Remo lui dit un jour par télépathie : « Maman, tu dois recommencer à conduire. Mamie a besoin de toi, et je suis avec toi. » Elle conduisit doucement jusqu'au cimetière, mais Remo lui dit : « Maman, roule ! Je suis avec toi pour te rassurer. » Elle se remit

alors à conduire sans crainte, en ayant la sens
son fils était auprès d'elle.

Depuis lors, Remo l'accompagne chaque
sa vie. Elle écrit : « Il ne se passe pas un jour
m'apporte du bonheur. C'est comme si nous n
plus qu'un. Les plus beaux moments, c'est qu
touche physiquement. La première fois, j'
nement éveillée, c'était comme une vague
et d'amour qui traversait chaque fibre de m
Jamais je n'avais éprouvé un tel amour, un
touche le corps et l'âme. »

Depuis qu'elle a vu Remo, Ramona regar
la lumière du soleil, symbole de Dieu, et Re
dans cette lumière. Elle n'est pas aveuglée
mal aux yeux.

Environ un an et demi après sa mo
ordonné par télépathie à sa mère d'app
diatement sa mamie ; s'exécutant, Ramon
suite entendu que cette dernière était à pe
de parler. Elle était au bord de l'infarctus.
secours sont arrivés sur place rapideme
quoi elle a pu être sauvée. On voit ainsi
des défunts intervenir dans des situations
mais seulement quand il doit en être ainsi
vision à la fois plus globale et plus précis
qui doivent se produire.

Le retour sur les lieux de l'accident a ét
particulièrement traumatisant pour Ramo
sait obstinément de s'y rendre, même a
de la psychologue ; à nouveau, c'est
encouragée à se surpasser. Dans son ré
la situation qui l'a libérée de ses blocage
mains crispées sur le volant, j'avais du ma

Peu après, des rayons lumineux en forme de pyramide se sont formés devant son œil intérieur, avec l'image de Remo inscrite à l'intérieur. Elle a compris peu à peu que son fils était en permanence accompagné d'êtres de lumière, parfois jusqu'à sept, et qu'il avait atteint un niveau supérieur de la lumière. Elle-même évolue vers une clairvoyance croissante et perçoit toujours plus intensément les messages spirituels. Un soir, elle a entendu la voix de Remo, non plus en elle-même, mais de l'extérieur, comme il parlait de son vivant.

« Maman, c'est magnifique là-haut, et je vais très bien. Je suis vivant, mais ce n'est plus moi, c'est Lui qui vit en moi. Il est le verbe, l'esprit, l'amour, et nous restons éternellement dans Sa lumière. Il est partout, en moi et en chacun de nous. »

Une semaine plus tard, Ramona, fatiguée, s'assied sur le siège passager de sa voiture après une visite chez sa mère. Elle ferme les yeux et, en un instant, se trouve sur le lieu de l'accident. Au cours d'une vision, elle revit le passage de son fils dans l'autre monde.

« Je vois l'ambulance, Remo est allongé par terre. Les médecins découpent son pull et tentent de le réanimer. Remo, lui, se tient debout à côté de la scène, comme dans un nuage translucide. Il voit tout ce qui lui arrive. Je vois son passage de mes propres yeux. Tout s'obscurcit, et je vois au loin une lumière très vive d'où émanent des rayons très doux. Revenue à moi, j'ai appelé la personne qui s'était occupée de lui après son décès, et elle m'a confirmé que son pull était bien découpé, ce que j'ignorais complètement auparavant. Ce soir-là, j'ai vu des couleurs d'une beauté indicible qui s'entremêlaient pour former en permanence de nouvelles images. Je n'avais encore jamais rien vu de tel. »

Au contact intensif de son fils décédé, Ramona voit sa perception se modifier et s'étendre. Fait étonnant, Remo lui a un jour annoncé qu'il était temps pour lui de retourner définitivement dans le monde des esprits. Le message qui suit sera d'un réconfort infini pour nombre d'entre nous :

« Toutes les limites sur lesquelles j'avais buté dans ma vie sont ici abolies. C'est exactement pareil pour toi : par ma mort, tu as connu une transformation et tu as atteint un niveau supérieur de la conscience. Tu as compris que nous sommes des êtres spirituels ; la vie est une école, où nous devons apprendre une seule chose : nous élever spirituellement, aimer, donner et recevoir de l'amour. Mon apprentissage sur Terre était terminé ; je savais que j'étais attendu dans l'au-delà, dans l'amour universel, au sein duquel nous communions avec tous les êtres. Aie confiance en l'amour de Dieu, où nous demeurons éternellement. »

Ramona passe par des états de conscience où elle saisit l'unité universelle, enveloppée d'amour et de chaleur. Une fois, elle a l'impression de pouvoir regarder directement dans l'au-delà. « C'était comme si je me trouvais face à un grand livre ouvert. La première page était couverte de couleurs merveilleuses, et de plus en plus belles. On aurait dit des bâtiments et des figures d'anges posés sur un socle, mais faits de rayons lumineux. Puis, ces rayons ont formé des êtres de lumière, qui se sont mis à bouger. Mon cœur battait à tout rompre, je respirais avec peine, comme si Dieu m'avait permis de m'y rendre une seconde. C'était comme si tout ce qui est matériel se dissolvait, j'étais dans un état de bonheur absolu, indescriptible. »

Remo l'encourage en permanence par sa présence et ses messages. Pour Ramona, une porte s'est ouverte sur l'autre monde. Elle a guéri, et elle vit ce qui n'est d'ordinaire accessible que dans les expériences de mort imminente. Remo l'encourage par ces mots :

« Maman, c'est ta foi qui t'a rendue forte. Tu es initiée à des secrets qui dépassent ton entendement. Fais-moi confiance, le chemin te sera facile. Tu es parvenue à la certitude que nous ne nous perdons jamais et que nous demeurons dans l'amour universel de Dieu. Tu transmettras aux hommes ce que tu as vécu, car ta vision et ta perception se sont élargies. Tu ressens au fond de toi-même que quelque chose de grand va se produire. Un instant, tu as senti sur toi le souffle de Dieu, tu n'as fait qu'un avec lui et avec la totalité des êtres. Tu découvriras tout au long de ta vie quelle est la puissance de ta foi dans cet amour universel. Ta vie est guidée par un soutien spirituel. Ne te laisse jamais gagner par le doute des autres, mais comprends Sa parole pour vivre d'après elle. Heureux celui qui supporte la contestation. Tu sais à présent qui te porte et te soutient ! »

Tout ce qui lui a été donné de vivre, elle le doit à son fils et à Dieu, qui ne l'ont jamais abandonnée. Il lui a fallu un long cheminement avant de pouvoir saisir les choses telles qu'elles sont. Remo lui sert de guide pour la suite de sa vie. Il est en permanence auprès d'elle et la soutient par son amour. Elle a appris à accorder une confiance absolue à son fils défunt et à ses messages.

Avec la foi en Dieu et l'amour, tout est possible. Il n'est donc pas étonnant que l'on assiste de plus en plus fréquemment à des contacts très approfondis de ce type, par une transformation de la conscience commune. L'amour et la lumière de l'Un peuvent révéler à l'homme tout ce dont il a besoin pour sa vie. Face à la foi, tous les doutes et toutes les peurs s'évanouissent.

7

LA SIGNIFICATION DE LA VISION DU DÉFILEMENT DE LA VIE

Le film de la vie

La plupart d'entre nous ont déjà entendu parler de ce moment durant lequel on assiste au défilement de sa vie, comme dans un film. Or, il s'agit d'un processus prodigieux, tant par le nombre des images que par leur clarté et la vitesse à laquelle elles défilent.

« C'était phénoménal. Je voyais au niveau de mon occiput toute une file, une file interminable de pensées, de souvenirs, de choses que j'avais rêvées, de pensées très générales : tout cela m'a submergé en moins de trente secondes. C'était comme si je traversais tous ces souvenirs et que tout ce que j'avais mémorisé défilait sur une bande, mais à l'envers[1]. »

Je suis personnellement convaincu qu'en prenant au sérieux la profondeur et la puissance régénératrice de cette expérience, nous avons le pouvoir de transformer notre propre vie. Cette dimension des EMI est celle qui montre le mieux à quel point nous sommes

1. Ring K., Elsässer-Valarino E., *Lessons from the Light*, *op. cit.*

reliés avec tous les êtres. Rien ne se perd : ni la peur, ni la joie, ni la peine, ni le bonheur. Tous les événements de notre vie s'intègrent dans un plan spirituel supérieur qui se révèle au plus tard lors de ce défilement de la vie devant les yeux de chacun.

Nombreux sont les témoins qui rapportent avoir vécu leur vie une seconde fois en entier. Il faut noter qu'ils n'y assistent pas comme témoins, mais participent à chaque scène. Un jeune homme m'a dit :

« C'était comme si je me retrouvais sur les lieux, comme si je revivais chaque chose une nouvelle fois. Ce n'était pas simplement visuel : je revivais vraiment ma propre vie. »

Le fait de revivre chaque pensée que l'on a eue, chaque parole que l'on a dite, et chacune des actions, ne s'explique pas par des facultés de mémoire exceptionnelles. Combien de choses n'oublions-nous pas chaque jour, alors même qu'elles nous sont apparues à un instant précis ? Pour saisir dans toute son ampleur le sens réel de cette confrontation avec tous les événements de notre vie, il faut savoir qu'elle inclut aussi la perception des effets et des conséquences de tout ce que nous avons fait. Dans notre vie, nous n'en avons bien souvent pas la plus petite idée.

La double perspective

Les sujets font souvent l'épreuve d'une sorte d'échange des rôles, au cours duquel ils ressentent ce qu'ils ont fait subir aux autres.

«Dans sa jeunesse, Tom était très déséquilibré et lunatique. Avec sa voiture trafiquée, il aimait parcourir les rues de sa ville en roulant à toute vitesse. Un jour, il a failli renverser un piéton, ce qui l'a mis hors de lui. Après un échange d'injures, ils en sont venus aux mains, jusqu'à ce que l'autre s'effondre inconscient en pleine rue. Des années après, Tom a revécu cette situation au cours d'une EMI. Une partie de lui-même regardait la situation d'en haut, tandis qu'une autre participait directement à la bagarre. Tom vivait maintenant le rôle du piéton et recevait chaque coup, jusqu'à s'effondrer inconscient.»

Cette double perspective sur sa propre vie permet au sujet d'affronter cette vérité profonde : chacun est responsable de ses actes. Ce regard sans concession sur soi-même prend place dans l'unité intemporelle. Nous avons alors accès à toutes les dimensions conscientes et inconscientes de notre vie, ainsi qu'aux champs énergétiques où sont enregistrées chaque pensée, chaque parole et chaque action, avec leurs conséquences. Ce caractère complet de l'expérience, qui nous est inaccessible dans la vie de tous les jours, montre que nous faisons partie d'une conscience universelle dans laquelle la moindre pensée est conservée.

Revoyant ainsi toutes les situations de notre vie non faussées ni biaisées, nous comprenons que nous ne pouvons rien dissimuler. Pendant notre existence sur Terre, nous pouvons refouler en nous-mêmes, ou cacher aux yeux des autres, des choses désagréables ou des vérités déplaisantes. Mais, au moment de mourir, et souvent avant, nous sommes confrontés à nos problèmes non résolus. Les expériences de mort imminente montrent que chacun doit faire face à la vie qu'il a vécue, sans fioritures, sans rien pouvoir embellir ni refouler.

Chacun laisse ses propres traces dans la mémoire universelle : nous devons donc nous exercer à comprendre comment notre vie est incluse dans un sens général. Plus nous prenons conscience que nous sommes intégrés à une totalité supérieure, plus les circonstances et la signification des événements de notre vie personnelle deviennent claires. Le film de notre vie se déroule toujours en présence d'un amour supérieur. La vérité sur la vie que nous avons réellement vécue, mais aussi telle qu'elle aurait pu avoir lieu, se révèle alors à nous.

Goran raconte ici un conflit qui l'a opposé à son frère dont il était très jaloux, alors qu'ils étaient enfants :

« Son amour m'a donné le courage de revivre ma vie jusqu'à ce point ; je voyais, je revivais, je me souvenais de choses qui m'étaient arrivées durant ma vie, et pas simplement les événements factuels, mais aussi les émotions qui s'y rattachent. Grâce à l'amour et à la compréhension dont faisait preuve l'Être de lumière, j'ai trouvé le courage d'admettre et d'envisager, les yeux ouverts et sans défense, à quel point mon comportement lui avait fait du mal. Pour la plupart des épisodes que je revivais, l'Être de lumière me proposait une manière alternative de réagir : non pas ce que j'aurais dû dire, ce qui aurait été moralisateur, mais ce que j'aurais pu faire – une invitation ouverte, qui me laissait toute liberté d'accepter ou de refuser ses propositions[1]. »

1. *Ibid.*

L'Être de lumière

Un autre témoin précise la fonction de l'Être de lumière durant la vision du film de sa vie :

« Puis, un être de lumière est entré en jeu – une apparition magnifique, qui m'a expliqué ma vie. Il savait de ma vie des choses que j'avais refoulées, ou plutôt que je ne ressentais plus que comme un poids. Il n'y avait là aucune condamnation : je savais simplement que quelque chose n'avait pas bien fonctionné dans ma vie[1]. »

Parmi les très nombreux cas que j'ai étudiés, aucun n'indique que l'Être de lumière ait lui-même condamné les aspects les plus négatifs de notre vie. Durant ces expériences, nous sommes observateurs et acteurs, et nous considérons la vérité en face, en toute objectivité. Ces situations ne sont pas exemptes de sentiments de culpabilité et d'échec, mais elles sont toujours sous-tendues par la certitude d'être aimé de manière inconditionnelle malgré toutes nos erreurs. Ce regard sans fard sur son propre monde intérieur est parfois vécu de manière très désagréable.

« Tout à coup, ma vie entière s'est déroulée devant moi. J'ai ressenti chacun des sentiments que j'avais éprouvés durant ma vie, et je voyais de mes yeux l'influence que ces sentiments avaient eue sur la suite de mon existence, ainsi que l'effet de ma propre vie sur les autres, en le mesurant à l'aune de l'amour universel. Et mon résultat était extrêmement mauvais.

1. Bieneck *et al.*, *Ich habe ins Jenseits geblickt*, *op. cit.*

Quand tu vois tout l'amour que tu pourrais donner, c'est simplement désolant[1]. »

Nous sommes pour ainsi dire nos propres juges, tout en étant baignés dans l'amour inconditionnel de l'Être de lumière. En revenant à la vie, on garde la marque d'une expérience qui transforme radicalement la vie et la personnalité. On le voit particulièrement bien dans les EMI qui surviennent après une tentative de suicide. Les sujets comprennent les finalités et les motifs des actions qui les ont menés dans une situation sans issue. Une fois que l'illusion volontaire est surmontée, l'envie de vivre peut renaître. Sabine m'a raconté :

« Tout s'est produit en un instant. J'avais pleinement et clairement conscience de tout ce que j'avais vécu. Dans le même temps, je ressentais chacune des peines que j'avais fait subir aux autres par mon comportement. Pourtant, l'Être de lumière faisait preuve de compréhension et de pardon. J'ai alors compris que l'amour est la chose la plus importante au monde, et j'ai vu tout l'amour que j'aurais pu offrir. Je ressentais toute ma colère, toute la rage et la haine que j'avais répandues autour de moi, et j'ai compris pourquoi je voulais me donner la mort. Mais c'est justement cela qui m'a permis de mieux m'accepter. J'ai vu que cette lumière était toujours là pour moi. »

Tout cela explique pourquoi Sabine a dû revenir à la vie, pour s'amender et changer, pour travailler sur ses défauts et ses insuffisances en se comprenant mieux elle-même. Elle a ainsi pu retrouver de l'estime pour

---

1. Ring K., Elsässer-Valarino E., *Lessons from the Light*, *op. cit.*

elle-même, et mène à présent une existence bien plus épanouie.

Rien ne se perd

Dans le monde spirituel, ni les pensées ni les sentiments ne peuvent rester dissimulés. Chacun les perçoit exactement tels qu'ils sont. Tous les traits de caractère et de personnalité sont écrits comme sur un livre ouvert. Voilà pourquoi il est si important de travailler, déjà de son vivant, sur ses aspects inaccomplis. Nous sommes sur Terre pour apprendre et pour découvrir certaines vérités. La moindre action que nous entreprenons est conservée et nous apparaît lorsque notre vie défile devant nous. La véritable mesure de toute chose, c'est l'amour, et nous sommes nés pour apprendre à aimer. Tout ce que nous tenons pour important de notre point de vue terrestre, que ce soit les richesses matérielles, le pouvoir, la célébrité, etc., tout cela ne joue aucun rôle lorsque nous avons à juger de notre vie. Ce sont les petits gestes pleins d'amour qui prennent toute leur importance. Il existe des valeurs universelles avec lesquelles nous devons vivre en accord. Confrontés à toutes les situations de notre vie avec leurs conséquences sur les autres, nous comprenons cette vérité dans toute sa force.

«Nous devons comprendre que l'essentiel dans la vie ne réside pas dans les choses matérielles, mais dans les relations et l'amour; par exemple, lorsque vous êtes à un feu rouge et que vous êtes pressé, si la personne ne démarre pas immédiatement au feu vert, lorsque vous vous mettez à klaxonner et à lui crier de démarrer. Ce sont les petites choses qui sont importantes[1]. »

Un autre exemple :

« As-tu fait ce que tu devais faire ? Tu te dis : *j'ai donné 6 dollars à un nécessiteux.* Tu te trouves généreux, mais cela ne signifie rien du tout. Ce sont les petites choses que l'on accomplit qui comptent, comme aider un enfant qui s'est fait mal, saluer un malade[2]. »

Si nous faisions preuve de plus d'amour les uns envers les autres et si nous laissions la véritable empathie régir le quotidien, la vie pourrait être transformée du jour au lendemain. Le manque de respect et la froideur affective dont nous nous plaignons tant dans nos sociétés, notre mentalité toujours prompte à jouer des coudes, qui nous pousse à rejeter les autres comme concurrents potentiels, tout cela pourrait changer avec un peu plus de compréhension pour les besoins d'autrui.

La règle d'or

Les témoignages de ceux qui ont vécu une expérience de mort imminente nous permettent de voir que le fil directeur de notre vie, c'est la règle d'or : « Ne fais pas à autrui ce que tu ne veux pas qu'on te fasse. »

1. *Ibid.*
2. *Ibid.*

La vision du défilement de la vie montre que c'est cette règle d'or qui détermine la manière dont les hommes interagissent. Tout ce que nous avons fait subir aux autres, nous le vivons pendant cet épisode. Après son EMI, un homme précise : « J'étais les gens à qui j'avais fait du mal, et j'étais aussi ceux à qui j'inspirais des sentiments positifs. »

Il n'est pas question ici de punition ou de récompense : le déroulement du film de la vie est en quelque sorte un instrument de justice. Tout ce processus sert seulement à l'avancement spirituel : nous devons vivre notre vie une nouvelle fois, avec ses aspects positifs et négatifs, pour pouvoir apprendre et nous élever. Nous savons à présent que l'amour est la seule réalité. Il n'y a pas d'enfer, et il est pardonné d'avance à chacun de nous. Tout être, même celui qui a commis des actes effroyables, entrera un jour dans la lumière. Parfois, ce souvenir intégral de toutes nos actions est lui-même décrit comme étant l'enfer. En voici un exemple :

« Dans ce cauchemar de tout ce que j'avais fait subir aux autres, rien n'était épargné. Mais le plus effrayant dans tout cela, c'était que je ressentais moi-même chacune des peines que j'avais infligées aux autres. Devoir revivre tout cela, ce fut un enfer[1]. »

L'amour, seule mesure objective

Le bien et le mal, le vrai et le faux sont les embûches de notre vie, car ces polarités sont toujours porteuses de jugements et de condamnations. Dans le courrier

---

1. *Ibid.*

et les e-mails que je reçois, on me demande très souvent si l'enfer existe. La réponse est non. L'homme est libre de déterminer lui-même sa vie. C'est la volonté humaine, et non Dieu, qui est responsable des actes de cruautés indicibles qui sont commis dans le monde. Le monde spirituel n'y intervient pas.

La question qui en résulte est toujours : pourquoi Dieu permet-il cela ? Le mal n'est pas une force existant hors de l'homme et qui voudrait en permanence le séduire, ou un aspect de son monde intérieur et un effet de son absence d'amour. Lorsque la rage, la haine, la fureur, l'appétit de vengeance, le rejet de la faute sur les autres rongent quelqu'un de l'intérieur, il peut décider de trahir, de tromper, de malmener ou de tuer quelqu'un d'autre, mais il ne comprend que plus tard, en revoyant sa vie, que c'est avant tout à lui-même qu'il fait du mal.

Le don de soi, la réconciliation, la compréhension de ses échecs et de ses fautes permettent de purifier même les fautes les plus graves. Nous sommes déjà pardonnés, c'est ce que symbolise la présence de l'Être de lumière auprès de nous. La vision du film de notre vie a pour fonction de nous donner accès à une mesure objective grâce à laquelle nous pouvons évaluer notre développement au cours de cette vie, ce qui détermine en retour le niveau de conscience auquel nous parviendrons à notre retour dans le monde spirituel.

Dannion Brinkley, vétéran du Vietnam et responsable par ses actes de la mort de nombreuses personnes, a vécu non seulement les souffrances de ses victimes, mais aussi de leurs proches. Il était le témoin immédiat de la mort et de la destruction qu'il avait provoquées. Pourtant, ce fardeau lui a été retiré des épaules par l'Être de lumière au moment où il a vu défiler sa vie.

« La vision de ma vie dont je venais de faire l'expérience m'avait montré clairement que pour un événement positif, il y en avait eu vingt négatifs. Alors que l'Être de lumière se retirait, j'ai ressenti mes épaules libérées de ce poids. J'avais ressenti la douleur de la réflexion, mais j'en avais tiré la conviction que je pouvais agir pour améliorer ma vie. Je comprenais en moi-même le message de l'Être de lumière : l'homme est une créature spirituelle puissante, dont la tâche est de faire le bien sur Terre. Ce bien ne provient pas d'actions hardies, mais d'actions pleines d'amour entre les hommes. Les petites choses comptent, car elles sont spontanées et montrent qui l'on est vraiment. Je connaissais à présent le secret tout simple pour rendre l'homme meilleur[1]. »

La conscience universelle ne fait pas de distinction entre ce qui est bien ou mal. Ces catégories représentent les possibilités d'expression préétablies du libre arbitre. C'est pourquoi c'est à nous qu'il revient d'établir ces distinctions. Aux niveaux supérieurs de la conscience, dans le monde spirituel, il n'existe aucune négativité. Seule une disposition pleine d'amour, de joie et de légèreté nous y conduit. L'amour constitue le cœur essentiel de la nature humaine, et en même temps sa destination. Nous ne sommes jamais séparés ni de Dieu, ni des morts, car chacun porte en soi l'amour, étincelle du divin.

---

1. Brinkley D., *En paix dans la lumière*, *op. cit.*

Pour créer un monde meilleur, nous devons maintenir des efforts conscients pour rester dans l'amour, en cultivant l'empathie et les actions positives. Si nous nous y efforcions réellement, nous pourrions créer le paradis sur Terre.

Voilà pourquoi la vision rétrospective de notre vie nous met face aux événements que nous avons vécus : afin que nous puissions les comprendre et les admettre, et nous pardonner à nous-mêmes et aux autres. Cette étape nous permet de tirer les leçons, sans nous condamner ni nous culpabiliser. Nul n'a à redouter un jugement extérieur à soi-même : on est au contraire en présence d'une ouverture totale, de l'amour le plus profond de la part de son Moi supérieur, son Dual, qui est cet amour. Ainsi, le déroulement de la vie n'est pas perçu comme une condamnation, mais comme une expérience de l'existence elle-même, un approfondissement de la connaissance de ses propres structures et de son propre fonctionnement. On pourrait aussi formuler cette idée en disant que, par cette connaissance de soi, la négativité se transforme en énergie lumineuse. Un témoin explique la chose ainsi :

« En considérant rétrospectivement ma vie, j'ai brutalement compris que tout ce qui s'était produit était absolument dans l'ordre des choses. Rien n'aurait pu, ni même dû, se produire autrement. Cette révélation a déclenché chez moi des sentiments inimaginables de libération, de soulagement, de gratitude et de joie. Je me sentais dans un état de béatitude insurpassable. De joie, j'ai ri comme sans doute jamais je n'avais ri de ma vie. Tout à coup, je voyais clairement que je n'avais rien compris. Mais, dans le même temps, j'ai pleuré en me rendant compte à quel point tous mes efforts pour mettre de l'ordre dans les affaires de ma vie avaient été vains, et toute la peine et la souffrance que j'avais infligées à moi-même et aux autres[1]. »

La vision du défilement de la vie est un processus de justice intégrale. La présence de l'Être de lumière nous aide à nous comprendre et à nous accepter nous-mêmes tels que nous sommes. Son empathie, son amour et sa compréhension nous aident à accepter avec sérénité même les expériences les plus pénibles et les plus négatives de notre vie. Toute condamnation ne vient que de nous-mêmes. Cette étape nous amène à envisager cette vérité spirituelle fondamentale : nous ne sommes jamais séparés des autres. Faisant nous-mêmes l'expérience de ce que nous avons fait subir aux autres, tous les filtres qui, durant notre vie, nous ont séparés de nous-mêmes et de nos semblables sont supprimés.

Nous nous identifions alors intégralement aux autres, tout en restant conscients de nous-mêmes. L'identité du Je étant préservée, nous comprenons que cette conscience de soi est intégrée à une conscience supérieure. On peut en conclure que nous sommes tous une partie d'un Tout universel vivant. Cette unité avec la Totalité est également décrite comme un sentiment cosmique. Qui a éprouvé ce sentiment transforme radicalement sa vision du monde.

1. Bieneck *et al.*, *Ich habe ins Jenseits geblickt*, *op. cit.*

Guérison

Cette étape transforme durablement la vie de celui qui la traverse : pour bien des témoins, elle signifie la guérison d'expériences traumatiques et de comportements qui ôtent son sens à la vie. Une telle expérience aboutit au pardon de soi et des autres, ce qui permet de mieux s'accepter soi-même. La vision intégrale de toutes les circonstances de sa propre existence permet à chacun de prendre également conscience des motivations et des actions de ceux qui nous ont blessés.

« Je me suis pardonné à moi-même de n'avoir pas toujours bien agi. Je me suis pardonné d'avoir été si névrosée ; je ressentais beaucoup de bienveillance et d'empathie pour des personnes que j'avais toujours considérées comme méchantes. Je voyais leurs bons côtés, je comprenais ce qu'il y avait de bon en eux. Je n'étais plus *la* victime : nous tous étions des victimes[1]. »

Neev explique elle aussi comment la vision du défilement de sa vie a eu des effets réparateurs sur son existence :

« J'ai appris à vivre. Cette étape a été pour moi comme une guérison. Elle a déclenché toutes ces transformations en moi parce qu'elle m'a permis de clarifier des choses que je ne comprenais pas et qui étaient pour moi source de colère et de frustration ; par exemple, la douleur de n'être pas comprise et acceptée telle que je suis, ou encore l'incompréhension face à

1. Ring K., Elsässer-Valarino E., *Lessons from the Light, op. cit.*

ce que l'on m'a fait subir, et qui était pour moi d'une cruauté indicible[1]. »

L'un des principaux effets induits par ce défilement du film de la vie est la capacité de se mettre à la place d'autrui et de faire siens ses sentiments et ses pensées. La question pratique qui se pose à présent est celle de savoir comment chacun de nous peut intégrer, dans sa vie de tous les jours, la connaissance de ce processus et de sa signification.

Il est extrêmement important de bien comprendre le sens profond de cette vérité : chaque instant de notre existence est conservé dans les archives de la vie. Tout ce qui a jamais été et sera jamais dit, fait et pensé, est enregistré dans des champs énergétiques du monde spirituel, et ses conséquences nous reviennent immanquablement un jour.

Pendant notre vie, nous pouvons toujours refouler les choses désagréables, mais tous les problèmes non résolus restent en suspens et reviennent à la surface de la conscience au plus tard au moment de notre mort. Chez la plupart des mourants, ce phénomène s'accomplit de manière extrêmement forcée et pénible. Si un très grand nombre de points restent non réglés, le décès se déroule beaucoup plus difficilement. Celui qui éprouve l'amour inconditionnel, tel qu'on le découvre au cours des expériences de mort imminente, n'attend rien de la part des autres et ne rend pas autrui responsable de son propre manque d'amour. Grâce à la présence de la figure protectrice de l'Être de lumière, qui nous donne son amour et son empathie, la

1. *Ibid.*

vision du défilement de notre vie nous apprend à nous accepter nous-mêmes. Nous ne pouvons pas changer le monde, mais chacun peut se changer soi-même, à condition de se libérer du maquis des fausses espérances et de s'accepter tel qu'il est.

Les étapes de la connaissance de soi sont le pardon à soi-même, le pardon aux autres et la réconciliation. Tout ce qui nous arrive dans notre vie est le résultat de notre propre action. Si nous apprenions à mieux nous identifier aux autres, en éprouvant plus d'empathie et de compréhension, nous pourrions éviter bien des conflits ; et si nous nous efforcions de mener à bien tout de suite ce que nous laissons inachevé durant notre vie, nous nous épargnerions énormément de peines et de souffrances.

Un exercice quotidien

Chaque soir, prenez cinq minutes pour passer en revue votre journée. Relaxez-vous en respirant à fond plusieurs fois, puis canalisez votre attention en vous-même. À présent, faites défiler les événements de la journée.

Lorsque des choses désagréables surviennent devant vos yeux, ne les condamnez pas. Il peut s'agir d'une dispute avec votre mari ou avec une amie. Soyez attentif à la réaction des autres. Que ressentent-ils? En quoi avez-vous vous-même contribué au conflit? Qu'est-ce qui vous a mis en colère? Pourquoi avez-vous blessé l'autre? Pardonnez-vous à vous-même la part que vous avez prise au conflit, et clarifiez le plus rapidement possible le différend.

Combien de conflits au sein des familles sont issus de banales querelles, qui se sont durcies au fil des ans? On en vient à se disputer de plus en plus, et chaque confrontation amène avec elle son lot de haine, de colère et de douleur. Si nous nous appliquions la règle d'or «ce que tu ne veux pas qu'on te fasse, ne le fais pas aux autres», quelles peines, quel stress et quelle souffrance nous pourrions nous éviter! En mourant, nombreux sont ceux qui, aux derniers jours de leur vie, sont à la recherche de réconciliation et de pardon véritable.

Maintenant que nous savons que chacun revit une nouvelle fois sa vie en la voyant défiler, que ce soit au moment de mourir ou après la mort, qu'est-ce qui nous retient de mettre au clair nos affaires dès à présent?

8

TRANSFORMATIONS DE LA PERSONNALITÉ APRÈS UNE EXPÉRIENCE DE MORT IMMINENTE

L'expérience bouleversante

Le phénomène le plus fascinant et le plus intéressant à observer après une expérience de mort imminente est la transformation de la personnalité du témoin. Très nombreux sont les chercheurs qui se penchent sur ces phénomènes dans les études prospectives actuelles, et se demandent comment expliquer scientifiquement la transformation durable de la vie d'un homme après un arrêt cardiaque de deux minutes.

Par sa portée et ses conséquences fondamentales, ce phénomène bouleverse entièrement la représentation que le sujet se faisait du monde : la peur de la mort s'évanouit, et l'on comprend que ce qui compte vraiment, c'est d'être capable d'aimer. La vie elle-même est appréciée à sa juste valeur, et on saisit mieux le sens réel de chaque événement. À l'inverse, la quête des biens extérieurs et matériels, comme la recherche de la possession, de la gloire ou de la richesse, perd son sens. Les personnes qui sont passées par une expérience de mort imminente sont davantage capables de s'accepter elles-mêmes, y compris avec leurs côtés sombres ; elles ont conscience de leur intégration à l'unité universelle.

Les études dont on dispose actuellement sur la transformation de la personnalité démontrent de façon concordante que, après une EMI, on constate un bouleversement profond et durable de l'attitude face à la vie, ainsi que des valeurs et des croyances. La confrontation avec les dimensions illimitées de son être constitue une expérience très directe qui déclenche un processus de prise de conscience. Après une telle expérience, les témoins ne croient plus en un être supérieur : ils *savent* qu'il existe. En présence de la lumière qui imprègne tout, ils se savent aimés et acceptés, plus que jamais auparavant.

« Les conséquences sur la suite de ma vie ont été très profondes : l'expérience de l'intemporalité, la certitude que ma conscience continue d'exister hors de mon corps, cela a suffi à bouleverser radicalement mon existence[1]. »

Voici la même idée formulée par une autre femme :

« À la suite de cet événement, ma vie a été profondément modifiée : j'étais irréfléchie et superficielle, et j'ai compris que ce qui importe, ce n'est ni la performance ni ce que l'on possède, mais seulement le fait de s'aimer les uns les autres. Des tas de choses qui nous paraissent épatantes sont en réalité sans âme. J'ai également découvert une vérité nouvelle : la mort n'est pas la fin : on est attendu dans l'au-delà par des hommes bons, qui nous facilitent le chemin en nous

1. Van Lommel, *Consciousness beyond Life*, *op. cit.*

parlant. Là-bas, c'est comme si tout était aboli : espace, temps, connaissance, expérience, tout cela ne forme plus qu'un tout unique[1]. »

Réactions de l'entourage

Les diverses modifications que provoque une expérience de mort imminente entrent avant tout en contradiction avec certaines valeurs culturelles occidentales. C'est pourquoi il n'est pas toujours facile pour le témoin d'accepter ce qu'il a appris dans l'au-delà sur le sens de la vie, d'autant que notre culture et notre science ne laissent guère de place aux expériences spirituelles. La mort, le décès et l'au-delà restent des thèmes tabous et refoulés de l'espace public.

Le soutien de la famille et des amis est essentiel pour que les sujets puissent travailler sur leur expérience de mort imminente. Pourtant, il est fréquent qu'ils aient à faire face à un entourage qui n'est pas préparé à les aider à intégrer une telle expérience dans la vie de tous les jours. C'est pourquoi la plupart sont livrés à eux-mêmes, et ne trouvent que rarement à qui se confier. Au cours d'une conversation privée, une femme m'a raconté :

« Je me suis rendu compte que presque toutes les personnes à qui j'avais affaire ne pouvaient ou ne voulaient pas comprendre que mon EMI avait fait de moi quelqu'un d'autre. Il était impossible d'en parler avec mon mari, et notre couple a fini par prendre l'eau. J'ai abandonné mon ancienne vie et déménagé dans une

1. Bieneck *et al.*, *Ich habe ins Jenseits geblickt*, *op. cit.*

plus grande ville. C'est là que j'ai connu des gens qui avaient vécu la même chose que moi et qui étaient disposés à m'écouter sans préjugés, et sans faire de commentaires. »

Ce témoignage montre bien les difficultés qu'il y a à assimiler une EMI. Cette rencontre inattendue avec la mort donne la sensation d'être protégé au sein de la lumière et la certitude de la vie après la mort. C'est pourquoi nombreux sont ceux qui cherchent une confirmation de ce qu'ils ont vécu, soit dans les livres, soit en cherchant à rencontrer des personnes ayant vécu la même expérience, ce qui permet de mieux comprendre son propre vécu, de réduire les incertitudes, et ainsi d'en accélérer l'intégration au sein de l'existence. La durée de la transformation dépend de cette faculté d'intégration du témoin. Dans l'étude qu'il a menée, Pim van Lommel analyse :

« Ce processus dure en général sept ans, parfois plus, car les tentatives d'intégration se heurtent à d'énormes résistances, tant chez les témoins d'EMI que chez leurs proches. J'ai rencontré des gens qui n'ont réussi à parler de leur EMI et de ses conséquences qu'au bout de cinquante ans. Toute leur vie, ils avaient caché leur expérience, de peur d'être rejetés. Ils n'étaient donc quasiment plus, voire plus du tout, en mesure de transmettre les connaissances acquises lors de leur EMI. Bien qu'il s'agisse pour l'essentiel d'expériences positives, ces cas-là se sont révélés traumatiques, en raison de la difficulté du processus d'assimilation[1]. »

1. Van Lommel, *Consciousness beyond Life, op. cit.*

Une nouvelle image de soi

L'un des traits marquants de la vie après une expérience de mort imminente tient à la *modification de l'image que l'on se fait de soi.* Ces personnes ont découvert qu'elles étaient bien plus que leur Je terrestre limité ; elles ont pris contact avec des aspects d'elles-mêmes que l'on qualifie de « transpersonnels ». Chez beaucoup d'entre elles, on assiste à l'apparition de nouveaux schémas de pensée. Si cette transformation de la personnalité est si profonde, cela tient avant tout à la rencontre avec l'Être de lumière. Les témoins sont spirituellement transformés, changent entièrement de vie et connaissent ainsi une sorte de renaissance. L'un d'entre eux raconte :

« Cela m'a renforcé dans ma foi : il existe un monde spirituel supérieur ; j'ai fait l'expérience de la transcendance. Ce fut pour moi un moment d'espérance nouvelle[1]. »

Celui qui, après une expérience de mort imminente, a par lui-même découvert les dimensions suprasensibles de notre existence et a compris que nous faisons partie d'une totalité, est en mesure de développer un sentiment d'estime de soi plus important. Moins dépendant du regard des autres, il s'accepte mieux lui-même. Comprenant le sens de l'existence, il a plus confiance dans ses capacités à faire face aux problèmes. Au cours d'un entretien, un homme a décrit ce point de la manière suivante :

« Je vis de manière bien plus intense qu'avant et je suis reconnaissant pour les petites joies nées des

1. Long J., Perry P., *Evidence of the Afterlife*, *op. cit.*

rencontres ou du cycle de la nature. Je me sens dans la plénitude de mon humanité. »

L'attitude face à l'existence évolue en même temps que la compréhension que l'on en a. Certains sujets éprouvent le besoin d'aider et de soutenir les autres, de se rendre utiles. Après s'être immergés dans la lumière et avoir assisté au défilement de leur vie, ils ont une plus haute estime d'eux-mêmes. Cette acceptation de soi-même est une libération : ils parviennent à se défaire des jugements dévalorisants sur eux-mêmes et à révéler leur essence véritable. On les voit devenir plus indépendants et plus authentiques.

« La conséquence la plus profonde de mon EMI est que, depuis lors, je m'accepte tel que je suis. Je ne suis plus entravé par les opinions préconçues que les autres tentent de m'opposer. Je ne me sens plus obligé de faire ce que les autres attendent de moi ; je n'éprouve plus le besoin d'obtenir leur reconnaissance en essayant de me plier à leurs exigences. J'ai découvert mon centre de gravité : une voix intérieure qui me dit ce qui est le mieux pour moi, et qui me guide dans tout ce que je fais. J'ai confiance en cette voix. Je l'entends, et je suis ses conseils. Je respecte l'opinion des autres, et j'apprécie qu'ils se soucient de moi, mais je ne me sens plus obligé de suivre leurs conseils, et je n'ai plus peur d'être rejeté lorsque je ne réponds pas à leurs attentes[1]. »

L'ancien Moi, qui était fondé sur des peurs, des comportements défensifs et un manque d'estime de

1. Ring K., Elsässer-Valarino E., *Lessons from the Light*, *op .cit.*

soi, acquiert le courage de se faire confiance. Cette nouvelle appréhension de la vie est le produit d'un bouleversement radical des attitudes et des comportements. Voici quelques témoignages marquants :

« J'ai fait un virage à 180 degrés : j'étais extrêmement timide et introverti, je suis devenu quelqu'un d'extraverti. »

« Avant, j'étais très renfermée ; à présent, c'est tout le contraire. Je peux parler avec tout le monde, j'ai pris confiance en moi. »

« Par la suite, ma vie entière a été transformée : elle s'est ouverte, et je suis devenue plus positive et plus consciente de moi-même[1]. »

Cela donne lieu à une transformation de la valeur que l'on donne à la vie elle-même. Les relations que l'on construit sont plus tendres, plus empathiques. On devient davantage capable de saisir l'instant, de vivre ici et maintenant, tout en conservant une meilleure trace du passé ; or, celui qui est fermement ancré dans le passé se fait moins d'inquiétude pour l'avenir. L'instant présent prend toute son importance, ce qui nous libère du carcan des normes sociales et des préjugés de la société.

« À présent, je suis très indépendant, fort et déterminé. Mais je peux aussi être tendre et généreux. Je fréquente moins de monde, mais les relations que j'ai ont plus d'importance pour moi[2]. »

1. *Ibid.*
2. Long J. et Perry P., *Evidence of the Afterlife, op. cit.*

Libérés de la peur de la mort

Autre conséquence bouleversante des EMI : un changement complet d'optique sur la mort. On comprend qu'elle n'est qu'une étape, un passage vers quelque chose de nouveau.

Dans la suite de leur vie, les sujets qui ont vécu de telles expériences, forts de cette profonde paix, sont donc mieux à même d'appréhender des situations menaçantes. La mort n'est plus un facteur de peur. Les témoins d'EMI ont fait l'expérience du caractère indestructible du cœur de leur personnalité au moment où il quitte le corps. La mort n'est pas un événement définitif, elle est suivie d'une vie merveilleuse. Un témoin m'a confié un jour :

« J'avais toujours eu très peur de la mort, du néant. À présent, je n'ai plus peur. »

Pim van Lommel relate les propos d'un de ses patients :

« Je ne crains plus du tout la mort. Je considère cette expérience comme un cadeau. Je sais à présent que quelque chose m'attend après la mort, et j'en éprouve de la reconnaissance. Je crois que je devrais en parler davantage, pour apaiser les autres, lorsqu'ils ont peur de mourir. Je me sens privilégié[1]. »

Toutes les études sur les EMI s'accordent pour montrer que la mort n'est absolument pas ce qui peut arriver de pire à l'homme. Cette brève rencontre avec l'autre monde laisse des traces et des certitudes.

---

1. Van Lommel, *Consciousness beyond Life, op. cit.*

«Il y a une vie après la mort. Je n'ai plus peur du passage d'une forme de vie à une autre. Je crois aussi que, lorsqu'on a la chance d'aller dans l'autre monde, on y reste éternellement.»

«Bien sûr, j'ai été transformée. Je n'ai aucun doute sur l'existence d'une forme supérieure de conscience et sur le fait que la mort n'est pas à craindre. La conscience est éternelle.»

«Il ne s'agit plus simplement de croyance. Je connais Dieu, le Ciel, le paradis. Quand on meurt, on ne disparaît pas, on va ailleurs[1].»

Effets paranormaux

Après une expérience de mort imminente, nombreux sont ceux qui disposent de facultés paranormales ou de dons de voyance. Une femme décrit son EMI de la manière suivante. Le cœur le plus intime de son être s'est ouvert, lui permettant de voir l'aura qui émanait des personnes et des choses.

«J'ai regardé autour de moi dans la pièce, et j'ai vu le bouquet de fleurs que l'on m'avait offert resplendissant dans une explosion de lumière et de couleurs. Tous les objets de la pièce, même les plus banals, étaient vivants, ils étaient vibrants de vie[2].»

---

1. Högl S., *Transzendanzerfahrungen, Nahtderfahrungen im Spiegel von Wissenschaft und Religion*, «Expériences de la Transcendance», *op. cit.*, p. 73 *sq.*
2. *Ibid.*

Même les enfants indiquent parfois, après des EMI, qu'ils voient les gens entourés d'auras de couleurs sublimes.

Une conséquence très fréquente des EMI est une sensibilité accrue, liée à une plus grande capacité d'empathie envers autrui, pouvant aller jusqu'à une véritable faculté médiumnique.

Parmi les autres phénomènes et facultés paranormales que l'on observe, il faut mentionner la télépathie, les dons de voyance ou de prophétie. Certains peuvent lire les pensées des autres, ou bien découvrir et soigner leurs maladies. Une expérience de mort imminente ouvre les canaux de communication avec l'au-delà. Nombreux sont ceux qui affirment avoir été submergés par un flot d'informations en provenance de l'autre monde.

Ces facultés spirituelles augmentées ne sont pas toujours faciles à assimiler. Certains sont dépassés par ces nouvelles capacités. Souvent, ils gardent le silence sur cette question, par peur du rejet.

« Dès que je me suis sentie un peu mieux, j'ai ressenti des facultés paranormales tellement incroyables que c'en était étrange. Avant cet accident, j'avais déjà parfois des pressentiments, mais là, c'était différent. Depuis mon lit, à Utrecht, en Hollande, je pouvais voir qui se trouvait dans la chambre d'à côté, et je savais ce que le pasteur avait commandé à déjeuner. Tout cela s'est un peu estompé, mais ma capacité d'empathie avec les autres est meilleure, et parfois, je peux littéralement lire leurs pensées et éprouver leurs sentiments[1]. »

---

1. Van Lommel, *Consciousness beyond Life, op. cit.*

Il n'est pas rare non plus que les témoins relatent avoir eu le pressentiment de la mort d'un proche. Un sentiment presque toujours vérifié.

« Régulièrement, je rêve de ce qui va se passer le lendemain. Dans mes rêves, je suis souvent témoin de conversations qui ont effectivement lieu quelques jours après, ou bien je vois des événements qui se produisent réellement. Je ne croyais pas qu'il y ait quoi que ce soit de réel dans mes rêves, jusqu'à ce qu'une nuit, je rêve de la mort de mon oncle. Jusqu'alors, il était en parfaite santé. Mais, cette nuit-là, j'ai rêvé qu'il mourait brutalement. Le lendemain, il est mort d'un arrêt cardiaque. Depuis, je fais toujours confiance à mes rêves[1]. »

L'exemple suivant montre lui aussi l'apparition de telles facultés.

« J'ai rêvé d'un homme que je connaissais. Pendant une seconde, il m'est apparu au milieu de la nuit, vêtu de noir, comme debout sur un nuage. Je ne l'avais pas vu depuis dix ans. Le lendemain, à la banque où je travaille, j'ai encaissé un chèque d'un membre de la famille de cet homme. J'ai demandé de ses nouvelles, et j'ai appris qu'il était mort la nuit d'avant[2]. »

Des personnes tout à fait ordinaires en viennent à faire des expériences suprasensorielles après une expérience de mort imminente. Elles perçoivent le monde qui les entoure de manière totalement différente. Voici

---

1. Morse M., Perry P., *Transformed by the Light, op. cit.*
2. *Ibid.*

un autre exemple illustrant le caractère extraordinaire de ce type de facultés de voyance :

« Par hasard, j'ai touché l'épaule d'un ami de mon fils. Tout à coup, j'ai eu l'impression de voir distinctement devant moi le sang gicler de son épaule et son bras tomber. J'ai reculé, le souffle coupé d'effroi. Le soir même, j'ai raconté l'incident à mon mari. Le lendemain, ce que j'avais vu s'est produit effectivement : il a perdu un bras dans un accident du travail[1]. »

Certaines personnes parlent d'une augmentation de l'intensité de leur vision et de leur perception. Même les impressions les plus quotidiennes revêtent une signification différente. Un homme m'a raconté :

« Je me réjouissais de tout un tas de choses de l'existence que je n'avais même pas remarquées auparavant. Lorsque je suis retourné dans la nature pour la première fois après mon EMI, j'avais l'impression que l'herbe brillait et que l'air était plus vivifiant que jamais. Je me sentais plus près de Dieu. »

Progressions

L'un des effets particuliers d'une EMI est la capacité de voir dans l'avenir. Certaines personnes rapportent que, lors de la vision du défilement de leur vie, elles ont non seulement été confrontées avec le passé, mais ont également assisté à des scènes de leur vie à venir. L'essentiel de ce à quoi ces témoins ont assisté s'est effectivement produit, souvent des années plus tard.

---

1. *Ibid.*

Dans cet état de connaissance élargie, certains sujets ont eu accès au savoir absolu, dans lequel les secrets du passé et de l'avenir sont révélés, et la dimension spatio-temporelle ordinaire de l'existence est abolie.

Tout le savoir est en son essence un souvenir, présent en nous grâce à l'étincelle divine. Au cours d'une EMI, cette étincelle est pour ainsi dire activée dans la conscience par la rencontre avec la lumière. Une méditation profonde permet de comprendre que la naissance, la vie et la mort ne forment qu'un tout et que l'un ne peut pas aller sans l'autre. Cette vérité implique également que notre destin personnel est balisé par les principaux paramètres de l'existence. La vie humaine est intégrée dans la trame d'un plan spirituel général. C'est ce que montrent très clairement ces cas de vision de l'avenir.

Au cours d'une opération, un homme a fait l'expérience de la rencontre avec la lumière.

«Tout à coup, j'ai vu des scènes de mon avenir, j'avais l'air plus vieux et j'avais pris du ventre. J'étais assis dans une pièce inconnue et j'avais passé mon bras autour de l'épaule d'une femme qui m'était étrangère, même si je savais, d'une manière ou d'une autre, qu'elle s'appelait Ray. J'entendais le bruit de la mer, et je sentais aussi son odeur, alors qu'à l'époque, je vivais loin de la côte. Environ dix ans après mon EMI, j'étais à l'aéroport de Londres dans la salle d'embarquement, en attendant mon vol pour New York, lorsqu'une jolie femme m'a demandé si je pouvais lui prêter mon journal. J'avais vaguement l'impression de la connaître. Vous avez deviné : depuis lors, nous nous sommes mariés, et nous habitons près de

Sydney, en Australie. Et elle s'appelle vraiment Ray ; c'est le diminutif de Raylene[1]. »

À un couple, les médecins avaient annoncé qu'il ne pourrait pas avoir d'enfant. L'homme, mineur de fond, a un jour été victime d'un accident sous terre.

« Tandis que j'étais inconscient, j'ai eu une vision. Je me promenais sur des rayons du soleil, et j'ai vu une main qui descendait vers moi. Presque au moment de toucher cette main, j'ai senti que l'on me tirait vers l'arrière, et j'ai entendu une voix me dire : "N'aie pas peur ! Tout ira bien pour toi, et ton fils sera en bonne santé." Quelques mois plus tard, nous avons appris que ma femme était enceinte, et notre fils est né pile un an après mon accident[2]. »

Expériences de mort imminente prophétiques

Une EMI est un événement bref, involontaire, donnant un accès soudain à un niveau supérieur de la conscience. Dans les traditions mystiques ou dans la pratique de la méditation spirituelle, les élargissements de la conscience sont le résultat d'une longue pratique. Les effets d'une EMI sont semblables à ceux d'une expérience mystique, ils attirent notre attention sur les perspectives d'avenir de l'humanité. Certains flashs vers le futur montrent des événements de portée globale. Ces visions prophétiques, déclenchées par les

1. St Clair M., *Near-Death Experience: The Illustrated Dossier*, *op. cit.*
2. Elsässer-Valarino E., *Erfahrungen an der Schwelle des Todes* (Expériences au seuil de la mort – non traduit), 1995.

guides spirituels ou par l'Être de lumière, renvoient aussi bien au passé qu'à l'avenir ; elles ont lieu en particulier lors des expériences profondes ou prolongées aux confins de la mort.

Dès 1984, Kenneth Ring a établi que les événements prévus ne dépassent quasiment pas les débuts du XXIe siècle. Pour l'essentiel, il est question d'une augmentation de l'activité sismique et volcanique, ainsi que de profonds changements géophysiques allant jusqu'au changement climatique. Ces événements ne sont pas vus comme annonciateurs de la fin du monde, mais d'un monde nouveau, fait de paix et d'amour.

Un homme, qui a vécu son EMI en 1943, raconte :

« C'est comme si nous étions face à une série de problèmes en ce qui concerne notre rapport à la nature. Pourtant, ce n'est pas seulement avec les éléments naturels que nous aurons fort à faire : des crises surgiront de partout, notamment dans les rapports interpersonnels, au sein des familles, et entre les nations. J'ai l'impression que nous ne sommes pas précisément face à la fin du monde, mais à l'aube d'une rupture majeure, avant que nous apprenions enfin à ne plus penser de manière aussi matérialiste, et à nous concentrer sur ce qu'Il nous a offert, que nous apprenions enfin à nous aimer[1]. »

Ce témoignage est frappant par la justesse avec laquelle il décrit les événements mondiaux, qui exigent une transformation urgente de la conscience de l'humanité. Que l'on considère les prévisions des Mayas, qui annoncent pour 2012 un tournant majeur du destin

1. *Ibid.*

de l'humanité, ou bien que l'on envisage les graves changements du climat constatés ces dernières années, la crise financière mondiale, les gouvernements occidentaux de plus en plus impersonnels, qui éludent toute pensée sociale depuis longtemps, ou encore la perte de vitesse des religions, nous vivons une époque troublée.

Reinee a vécu une EMI en 1967 ; elle avait alors dix-sept ans

« La vision d'avenir que j'ai eue pendant mon expérience de mort imminente m'a montré un monde en plein bouleversement. J'ai compris que l'humanité méprisait la réalité véritable, qu'elle avait violé les lois de l'univers et qu'elle devait à présent en supporter les terribles conséquences. Il ne s'agissait pas de la vengeance de quelque dieu en colère, mais du fait que la Terre se libérait elle-même de ceux qui refusent de vivre autrement et tenteront, jusqu'à la fin, de se cacher derrière les institutions de la loi, de la science et de la religion. J'ai vu que l'humanité était rongée des tumeurs de l'arrogance, du matérialisme, du racisme, du chauvinisme et de l'égoïsme mesquin. J'ai compris comment le sens pouvait se transformer en non-sens, et comment le malheur allait se changer en providence divine ; qu'à la fin de cette époque, l'humanité renaîtrait, avec une nouvelle attitude à l'égard de la Terre et de sa place dans l'univers. Cette renaissance serait certes quelque chose de très douloureux, mais il en surgirait une humanité humble, instruite, et vivant unie dans la paix[1]. »

1. *Ibid.*

Je suis convaincu que nous vivons les derniers jours de cet ancien système d'oppression, de peur et de violence. La seule chose qui importe à présent, c'est de bâtir la confiance dans les forces spirituelles intérieures de chacun d'entre nous. Celui qui apprend à se fier aux impulsions de son âme, et à sa voix intérieure, se rendra compte qu'une présence est toujours là pour l'aider.

Ce processus de transformation globale se reflète à l'intérieur de chacun de nous. Les très nombreuses crises qui émaillent les relations interpersonnelles renvoient à une sorte de vision collective du défilement de notre vie, dans l'ici et maintenant de notre existence corporelle. L'éveil du divin en l'homme, par les étincelles de l'amour présentes en tout être, nous confronte aux côtés obscurs et aux abîmes de chacun, afin de dissoudre nos dogmes et nos schémas préétablis. Le temps est venu pour plus de responsabilité et de solidarité avec tous, pour que nous puissions vivre dans l'harmonie, la paix et l'amour.

La transformation de la conscience qui s'annonce depuis des décennies dans les expériences de mort imminente changera pour toujours la vie de tous les hommes. Nous sommes des êtres spirituels, liés ensemble par un réseau invisible d'énergies créatrices.

Chacun recèle en soi l'essence de vie du Tout, et constitue un aspect de la conscience cosmique universelle qui sous-tend chaque être, et que nous ne pouvons tenter de comprendre que comme Force originelle ou comme Dieu. Nous sommes des êtres immortels dont la destination est, pour chacun de nous, de retrouver le lien individuel avec la force créatrice.

Les expériences de mort imminente montrent avec insistance qu'il nous faut rappeler à la conscience le potentiel créateur dissimulé en chacun de nous, pour faire exister l'amour divin dans notre vie. C'est avec cette essence divine que les personnes ayant fait une EMI, à toutes les époques, sont entrées en contact ; elle a changé pour toujours leur vision du monde.

Chacun de nous dispose en soi de ce potentiel d'élargissement de la conscience. Si nous activions ce potentiel, nous pourrions vivre dans la plénitude. L'amnésie cosmique, qui nie les fondements de notre existence, doit maintenant prendre fin. Voici ce qu'une femme écrit sur les conséquences de son expérience :

« Je ressentais un amour et une empathie profonds pour toutes les personnes et tous les objets que je rencontrais ; je sentais que je ne faisais qu'un avec l'autre, et je comprenais que nous sommes tous liés les uns aux autres, et tous intégrés à une conscience supérieure : Dieu. Pour la première fois de ma vie, j'ai réellement pris conscience de ce qui m'entourait, mes yeux se sont ouverts, pour enfin voir : les choses les plus simples, une feuille, un arbre, un brin d'herbe, une grenouille. Tout est pour moi une merveille de la création, et je prends le temps de l'admirer, car je sens le lien de la vie qui nous unit[1]. »

Le don de guérison

Lorsque l'on examine avec précision les nombreuses études portant sur le pouvoir transformateur des EMI,

1. *Ibid.*

il apparaît clairement qu'une telle expérience libère un potentiel pour transmettre aux autres des énergies de guérison. Des chercheurs tels que P. M. Atwater, Kenneth Ring ou Melvin Morse ont étudié cet aspect dès les années 1990.

En tant qu'hommes, nous sommes des êtres énergétiques, et nous portons en nous et autour de nous des champs électrodynamiques. La rencontre avec la lumière permet pour ainsi dire de reconnecter ces énergies, et provoque de nombreuses transformations de la personnalité.

Des études indépendantes montrent que, parmi les phénomènes observés à la suite d'une EMI, on constate une sensibilité accrue à l'électricité. Les témoins parlent de l'apparition d'anomalies électriques : montres qui s'arrêtent, ordinateurs qui dysfonctionnent, systèmes électroniques des voitures qui deviennent fous ou ampoules qui claquent. Ces phénomènes sont semblables à ceux qui se produisent lors de rencontres avec des défunts, qui manifestent surtout leur présence par des phénomènes électriques.

L'électricité semble être la forme d'énergie qui correspond le mieux à celle que les défunts utilisent pour s'exprimer. La lumière est elle-même un phénomène électromagnétique, et la rencontre avec cette puissante énergie d'amour modifie le champ électromagnétique d'un homme pour toujours. Il est fréquent que cette restructuration du champ libère des forces de guérison.

La lumière est la force originelle totale qui soustend chaque être. Nous sommes tous porteurs de cette étincelle du divin, et le passage par une EMI permet à certains de conserver cette puissance curative de la lumière divine, comme le montre le fait que cette lumière est parfois la seule raison pouvant expliquer une guérison qui serait incompréhensible sinon.

Margot Grey, célèbre thanatologue anglaise, a décrit un cas de ce type. Cinq jours après une lourde opération à l'abdomen, un homme a développé des complications sévères. Sa femme a été avertie que les chances de survie de son mari étaient quasi nulles. Pendant ce temps, l'homme vivait une EMI.

« Je voyais un être vêtu d'une sorte de cape aux couleurs d'une beauté indescriptible, et dont émanait une lumière extrêmement claire. Cet être se tenait à ma droite, près de ma tête. Il a posé doucement ses mains sur mon corps et les a déplacées jusqu'à mes pieds, puis est remonté vers ma tête par la gauche, s'y est attardé, puis a disparu. Je n'ai aucun souvenir de ce qui s'est passé jusqu'au lendemain. À partir de ce moment, j'ai guéri très rapidement et je suis rentré bien vite chez moi auprès de ma famille[1]. »

Cet exemple est typique des cas fréquents où la lumière exerce une force curative. Une femme avait perdu la vue à cause de son diabète, qui avait également des répercussions sur son cœur. Elle allait être opérée lorsqu'une lumière éclatante a pénétré dans sa chambre. Elle a entendu par télépathie :

« Tu n'es pas encore prête à me suivre, tu n'as pas été préparée. Je te rends la vue : tu en as besoin pour mener ta vie jusqu'au bout, et je vais aussi soigner ta valve cardiaque, pour que tu puisses à nouveau parler. Tu as encore des choses à faire[2]. »

1. Grey M., *Return from Death*, Penguin, 1988.
2. Ring K., Elsässer-Valarino E., *Lessons from the Light*, *op. cit.*

Cette femme a rapporté qu'une main s'était posée sur sa poitrine, ce qui lui avait rendu la vue. Son cardiologue était extrêmement surpris et ne trouvait pas d'explication aux modifications de son corps. Peu après, elle a pu sortir de l'hôpital et rentrer chez elle.

Une autre femme m'a raconté, à l'issue d'une conférence, qu'elle avait été atteinte d'un cancer incurable. Au cours d'une opération, elle a été guérie par la lumière.

« C'était comme une vibration qui s'emparait de mon Moi intérieur. L'amour et la paix qui m'ont submergée à cet instant étaient indescriptibles. La lumière m'a dit que je devais revenir, parce que ma petite fille avait besoin de moi. Quelques jours plus tard, mon cancer avait disparu. C'était il y a dix ans. »

Cette femme explique sa guérison directement par l'intervention de l'Être de lumière. Nombreux sont ceux qui changent de vie à l'issue d'une EMI, et travaillent comme thérapeutes ou dans le domaine spirituel, pour transmettre leur expérience aux autres. Certains mettent leurs dons de guérison au service d'autrui et tentent de mettre chacun en contact avec la lumière qu'il porte en soi.

La lumière, puissance de guérison ultime, est prête à chaque instant à nous porter secours dans les situations difficiles de la vie. Si nous lui faisons confiance, elle est à nos côtés, même quand nous nous croyons arrivés à la fin ou que nous n'avons plus d'espoir. C'est ce que l'on voit en particulier chez les personnes qui ont fait une tentative de suicide.

La recherche scientifique a montré que la plupart des EMI sont vécues comme belles et paisibles, même celles qui surviennent après une tentative de suicide. Plus important encore : ces personnes ne sont pas jugées ni condamnées, mais profitent au contraire de la sagesse et de la puissance curative de la lumière.

Le suicide n'est jamais une solution pour se débarrasser des problèmes, car la vie continue et tous les problèmes non résolus restent entiers. C'est pourquoi chacun est confronté aux conséquences de ses propres actions indépendamment de la manière dont il meurt. Les hommes gardent en tête des représentations de l'enfer, des images de punition et de damnation, notamment après un suicide. Les EMI montrent sans conteste que ces représentations sont fausses.

L'enfer n'existe pas : il n'y a que des états de conscience distincts, dans lesquels les âmes peuvent rester coincées dans des états intermédiaires entre la Terre et l'au-delà, lorsqu'elles ne sont pas encore prêtes à recevoir la lumière de la grâce et de l'amour. Dès que quelqu'un demande de l'aide, il la reçoit. Nous devons enfin comprendre que Dieu est amour, et que même le pire criminel finira à un moment ou à un autre par retourner en Lui. Les images de punition éternelles sont seulement humaines, tandis que l'amour est divin. Les rares expériences de mort imminente vécues de manière négative ne sont en fait que des rencontres du sujet avec ses propres peurs. Elles se produisent avant tout chez des personnes qui se défendent contre cette expérience et qui ne sont donc pas parvenues à la lumière. La question se pose de savoir s'il s'agit bien d'expériences de mort imminente ou si elles ne sont pas plutôt de brèves incursions dans un autre état de conscience. Les sujets perçoivent le tunnel comme une menace : ils ont l'impression qu'il est vide ou étroit et que ce qui se présente à leur vue, ce sont des mondes d'effroi. En revenant, ils ont l'impression d'avoir vu l'enfer. Si le sujet parvient à se laisser aller, l'expérience de mort imminente qui se passait mal se transforme alors en une expérience positive et paisible.

Dans son livre *Blessing in Disguise* («La Bénédiction déguisée», non encore traduit), le Dr Barbara Bonner, clinicienne américaine, a publié une étude sur les expériences de mort imminente vécues comme négatives. Elle parvient à la conclusion que la personnalité des témoins se transforme de manière tout aussi positive que dans les autres EMI. Il ne s'agit que d'amour et d'acceptation des choses telles qu'elles sont. Celui qui comprend cela peut changer sa vie ici et maintenant.

9

La perception de l'au-delà

Perceptions acoustiques

Dès l'instant où l'âme a quitté le corps, nous entrons dans un état de conscience incorporel. Ce qui est désormais perçu, ce ne sont plus les impressions sur les organes sensoriels ordinaires, mais un produit de la perception spirituelle supérieure des objets, qui s'effectue indépendamment de notre corps. L'espace et le temps étant abolis, nous parvenons à un accès simultané illimité à tous les objets. Les sensations de l'ouïe, de la vue, de l'odorat existent encore, mais sous une forme bien plus intense. Tous les processus s'accélèrent.

Le passage, l'entrée dans l'au-delà sont souvent associés à des perceptions acoustiques. Peu avant leur mort effective, les mourants affirment souvent entendre des musiques divines. C'est là un élément fréquent des visions d'agonie. Une femme qui accompagne des mourants m'a rapporté l'épisode suivant :

« Lorsque Mme Müller a ouvert les yeux, j'ai eu l'impression qu'ils étaient illuminés de l'intérieur. Elle a remarqué ma présence et a murmuré : “J'étais au Ciel, et j'entendais la merveilleuse musique des sphères célestes ; je n'avais encore jamais rien connu de tel. L'harmonie des sonorités est indescriptible. Je sais à présent que je n'ai pas à craindre la mort." Quelques heures plus tard, Mme Müller s'est éteinte paisiblement en ma présence. »

Au cours de son EMI, Edward a eu une perception similaire :

« C'était une expérience à couper le souffle, le silence était sublime. Au loin, j'entendais très faiblement l'évocation d'une musique magnifique, une musique au-delà de tout ce que j'avais entendu sur Terre[1]. »

Dans sa recension très complète des expériences de mort imminente réalisées dans le monde entier, Jeffrey Long présente un exemple de ce phénomène :

« Une musique dont la tonalité est absolument impossible à décrire avec des mots, parce que l'on ne peut rien entendre sur Terre avec une telle clarté ! Les couleurs n'étaient pas de ce monde ; elles étaient si profondes, si éclatantes, si superbes[2] ! »

Les mystiques parlaient autrefois d'une mystérieuse musique des sphères, inaudible à l'oreille humaine, mais qui devient accessible dans un état de conscience élargie. C'est ce que confirment à maintes reprises les EMI. Nos représentations de la vie après la mort sont souvent lugubres, emplies d'êtres sévères, inflexibles,

---

1. Högl, S. *Transzendanzerfahrungen, Nahtderfahrungen im Spiegel von Wissenschaft und Religion*, « Expériences de la Transcendance », p. 44.
2. Long J. et Perry P., *Evidence of the Afterlife, op. cit.*

et de sainteté rigide. Or, la perception de la musique céleste constitue un apaisement pour les sujets qui vivent une EMI.

«J'entendais cette musique, mais je ne savais pas d'où elle venait, et je ne pourrais même pas décrire sa sonorité. C'était une sorte de musique instrumentale, ou bien s'agissait-il de voix, je ne saurais vraiment pas le dire. Par contre, je me souviens que j'écoutais et que je pensais *: je ne savais pas qu'il existait autant de notes en plus de celles que nous connaissons.* Ensemble, elles formaient une harmonie merveilleuse. Je les écoutais, et elles m'emplissaient de bonheur: c'était vraiment une musique sublime[1].»

Les facultés auditives ne s'appliquent pas simplement à des perceptions suprasensorielles; elles permettent aussi d'entendre des personnes vivantes, et plus précisément de percevoir leurs pensées. Les témoignages sur des personnes entendant les médecins constater leur décès sont particulièrement fréquents. Voici la description qu'en fait un sujet:

«J'ai entendu un croassement effroyable sortir de ma gorge, comme si elle appartenait à quelqu'un d'autre et, tout à coup, les médecins et infirmières ont accouru de toutes parts, et ont commencé à s'agiter autour de moi. L'un d'eux a fait un pas en arrière et a murmuré: "Il est mort, ce n'est plus la peine." Il m'a fallu quelques secondes pour comprendre de quoi il parlait, et j'ai voulu me lever et me mettre à marcher, pour lui montrer que je n'étais pas mort[2].»

---

1. St Clair M., *Near-Death Experience: The Illustrated Dossier*, *op. cit.*
2. *Ibid.*

Une femme a tenté de décrire plus précisément la nature de ce qu'elle avait entendu au cours de son expérience extracorporelle.

« Tout autour de moi, je voyais des gens, et je comprenais également ce qu'ils disaient. Pourtant, je ne les entendais pas par perception acoustique, comme je vous entends maintenant. C'était plutôt que je savais – je savais très exactement – ce qu'ils pensaient, non pas en fonction de ce qu'ils disaient, mais seulement dans ma conscience. Je saisissais leurs pensées instantanément, avant même qu'ils n'ouvrent la bouche[1]. »

Cet exemple montre une fois de plus que nous sommes nos pensées, qui peuvent être saisies à un niveau supérieur de la conscience. C'est pour ainsi dire une transmission de pensée d'une conscience à l'autre, indépendamment des organes des sens.

Cet aspect des expériences de mort imminente, s'ajoutant au passage à travers un tunnel ou un espace vide, démontre que la conscience s'est élargie et que nous pouvons à présent percevoir les objets du monde suprasensoriel.

La beauté transcendantale du monde spirituel

La plupart des gens croient que nous ne pouvons rien savoir sur l'au-delà parce que, se fiant uniquement à la manière terrestre d'envisager notre réalité linéaire, ils estiment que l'invisible est tout simplement impossible. Combien de fois n'a-t-on pas entendu dire que nul n'est revenu d'entre les morts pour nous en parler?

1. Elsässer-Valarino E., *Lessons from the Light*, *op. cit.*

Pourtant, les expériences de mort imminente de toutes les époques décrivent une tout autre réalité, tout comme les percées spirituelles qui peuvent se manifester dans notre quotidien. Tous les témoins ont eu des perceptions de l'autre monde, comme on peut en avoir lors d'expériences de méditation ou de prière, de même que les personnes possédant des dons de voyance extralucide, ou les mystiques doués de visions. Les aperçus que nous donnent les EMI sur l'au-delà sont donc extrêmement instructifs et intéressants à étudier.

La gamme des descriptions va des états de conscience semblables à ceux dans lesquels nous nous trouvons dans notre vie terrestre ordinaire, jusqu'à des formes d'existence qui ne peuvent être comprises que sous des catégories mystiques. Certains témoins parlent parfois d'un sentiment d'individualité supérieure dans la perception qu'ils ont d'eux-mêmes, ou de l'impression de ne faire plus qu'un avec Dieu.

«J'étais moi-même, j'étais tout et rien, en une présence universelle. Je me trouvais en tout ce qui est. Je ne trouve pas de mots pour exprimer cette réalité. J'étais lumière pure, ni blanche, ni jaune, ni noire… C'était comme si j'étais amoureux de l'être pur, de l'être essentiel[1].»

D'autres sujets relatent la perception qu'ils ont eue d'eux-mêmes en indiquant avoir été lumière pure, pur esprit, pure pensée, qui les liait à la pensée de Dieu. Les témoignages comportant des descriptions de paysages

---

1. Högl S., *Transzendanzerfahrungen, Nahtderfahrungen im Spiegel von Wissenschaft und Religion*, «Expériences de la Transcendance».

paradisiaques sont fréquents. Comme nous l'avons déjà mentionné plus haut, on aperçoit des couleurs qui, par leur beauté, leur intensité et leur perfection, sont indescriptibles dans un langage humain, car nous ne connaissons rien de tel ici-bas. Voici un témoignage à ce sujet :

« Je regardais au fond d'un tunnel, qui était complètement obscur de l'extérieur. Mais, à son extrémité, on voyait une lumière très brillante et une prairie d'un vert éclatant. Jamais je n'avais vu un vert d'une telle beauté, d'une telle intensité[1]. »

Une femme, conduite par son ange gardien dans le tunnel, au moment d'une très grave crise d'asthme, raconte :

« J'ai toujours su que j'avais un ange gardien, dès l'âge de quatre ans. À ce moment, je le sentais me prenant la main et je m'élevais dans les airs, comme si nous étions dans un ascenseur, en direction d'une lumière éclatante. Là nous attendaient des fleurs, des arbres, et une musique sublime. On trouvait là tout ce qu'il y a de plus beau sur Terre, mais mille fois plus beau[2]. »

Lors d'un accident de voiture, Gary a subi un choc frontal, avec des blessures extrêmement graves. Il se souvient de son voyage dans l'au-delà :

« À l'hôpital, ils m'ont déclaré cliniquement mort. Mais, pendant que j'étais mort pour ce monde, je vivais encore dans un autre monde : je me rendais dans un

---

1. Ritchie J., *Blicke ins Jenseits* (Regards sur l'au-delà – non traduit), 1997.
2. *Ibid.*

lieu puissamment illuminé, d'une lumière dorée, et je me trouvais en pleine nature, parmi les fleurs et les arbres. Toutes les couleurs étaient éclatantes, et je me sentais submergé par une vague d'amour[1]. »

Les personnes ayant vécu une EMI, et qui ont découvert que les êtres chers se trouvent dans un lieu d'une beauté incomparable avec tout ce que l'on peut imaginer, voient souvent la douleur de la perte apaisée. Toutes les diverses formes de topographies – montagnes, vallées, prairies, plages – y sont présentes dans leur forme originelle, baignées éternellement de la lumière de l'amour. Tout demeure éternellement dans l'unité de l'être. Le cas suivant montre un scénario paradisiaque se déroulant dans cette lumière omniprésente.

« Avant tout, j'apercevais de merveilleuses couleurs, toutes les couleurs de l'arc-en-ciel. Avec la lumière cristalline, elles étaient encore plus éclatantes, elles luisaient de toutes parts. C'était comme si cette lumière qui me parvenait passait à travers un sublime prisme de diamant pur. Mais, d'un autre côté, j'avais la sensation de me trouver au centre de ce diamant. Je me tenais sur une prairie céleste couverte de fleurs. C'était un espace différent, un temps différent, peut-être même un autre univers. Ce qui est certain, c'est qu'il s'agissait d'un état de conscience différent, plus vibrant, plus vif que tout ce que j'avais connu dans ma vie terrestre. Dans mes oreilles résonnait de la musique, une musique plus merveilleuse que tout ce qui a jamais été composé.

1. *Ibid.*

Elle était douce, apaisante et chaude, et il me semblait qu'elle venait du plus profond de mon être[1]. »

Tous les témoignages ont en commun de présenter un monde d'harmonie et de protection, qui dépasse de loin toutes nos représentations les plus hardies.

Villes et palais de lumière

Parmi les innombrables cas d'EMI recensés, il est souvent fait mention de villes de lumière. Voici par exemple un témoignage :

« Tout à coup, une lumière extraordinaire a surgi. Dans le lointain, j'apercevais une ville. Même à cette distance, elle paraissait gigantesque. J'ai ensuite compris que la lumière venait de cette ville, qu'il devait s'agir d'une sorte de rayon laser pointé directement sur moi[2]. »

La femme qui donne ce témoignage parle de splendides rues dorées, d'une clarté et d'une pureté de formes qu'elle n'avait encore jamais vues. Dans la Bible, la Jérusalem céleste est décrite de manière tout à fait analogue.

Au cours de son EMI, Dannion Brinkley perçoit lui aussi une ville de cristal dont émane une puissante lumière. Ensuite, il se retrouve dans un lieu réservé à l'initiation, dans un bâtiment qu'il décrit de la manière suivante :

---

1. Ring K., *Den Tod erfahren, das Leben gewinnen, op. cit.*
2. Elsässer-Valarino E., *Lessons from the Light, op. cit.*

« L'endroit me faisait penser à une magnifique salle de conférences. Les sièges étaient agencés de telle sorte que chacun pouvait voir de sa place une longue scène éclatante comme un quartz blanc. Le mur derrière ce podium était fait d'un kaléidoscope extraordinaire, dont les couleurs allaient du pastel doux aux couleurs les plus éclatantes. Elles étaient d'une beauté hypnotisante : je voyais ces couleurs se mêler, ressortir, éclater en pulsations, comme le fait la mer lorsqu'on regarde de l'extérieur vers les profondeurs[1]. »

Ce témoignage décrit également l'infinité de l'espace perçu et de la perspective. Tous les détails perçus reflètent l'unité du tout avec la lumière. Dans ce monde, tout n'est que mouvements et pulsations harmoniques ; toute chose contient l'essence de l'être. Une autre femme, Betty Eadie, a fait l'expérience de cette omniprésence de l'être en observant l'eau.

« La vie. L'eau, elle aussi, était pleine de vie. Chaque goutte de la chute d'eau avait sa propre intelligence, et sa propre tâche à accomplir. Une mélodie d'une beauté majestueuse s'élevait depuis cette chute et emplissait le jardin, jusqu'à se perdre dans d'autres mélodies qui provenaient de partout[2]. »

Cette beauté unique des choses observées active la conscience et lui fait découvrir ce lieu de lumière et de paix. Nous avons tous, tapi au plus profond de nos espaces psychiques, le souvenir de ce monde dont nous sommes issus. Toutes nos nostalgies terrestres,

1. Brinkley D., *En paix dans la lumière, op. cit.*
2. Eadie B., *Embraced by the Light* (« Dans les bras de la lumière »), Paris, 1995.

nos envies de protection, de plénitude et d'amour, y trouvent leur origine.

Dès lors que les limites corporelles sont abolies, toutes nos illusions terrestres sur ce que nous sommes réellement s'évanouissent. En présence de la lumière universelle, les témoins comprennent que leur véritable pays d'appartenance se trouve dans ce monde bienheureux d'amour et de beauté transcendante. C'est comme si leurs yeux se dessillaient et qu'ils voyaient clairement qu'ils sont amour. Le sentiment terrestre de déracinement laisse place au sentiment cosmique d'unité en l'amour.

Tous ces témoignages ne sont rien d'autre que la démonstration claire du fait que nous sommes tous une partie du grand Tout. Celui qui a jeté ne serait-ce qu'un regard fugace sur cette réalité de l'au-delà sait qu'il est protégé et aimé pour toujours, quels que soient ses défauts et ses faiblesses. L'amour est le principe originel et la condition première de la vie.

10

L'UNION AU SAVOIR UNIVERSEL

L'accès au savoir supérieur

Comme nous l'avons vu dans un chapitre précédent, les expériences de mort imminente sont des événements qui transcendent les cultures et les croyances religieuses. Des hommes de tous les pays et de toutes les conditions en font l'expérience, quels que soient leur âge et leur sexe. Les témoins peuvent être chrétiens, musulmans, juifs, bouddhistes ou hindous, ils peuvent se considérer comme athées ou croyants, ils peuvent être artistes, savants, médecins ou femmes au foyer : des EMI authentiques sont vécues par les personnes les plus diverses.

Les expériences d'élargissement de la conscience montrent que tous les hommes ont la même origine : la conscience divine universelle faite d'amour pur et inconditionnel. L'homme est une partie du grand Tout, et sa mort n'est qu'un passage vers une autre forme de l'être, au cours duquel l'essence individuelle de sa conscience est conservée.

Une fois désolidarisé du corps, le Je terrestre se découvre lié à une conscience psychique supérieure. Cet état de conscience élargie le met en contact avec la totalité du savoir; il accède également à des expériences mystiques du divin. Nombreux sont les témoignages qui relatent le sentiment de l'amour universel et de la présence de Dieu. Ce sentiment, comme on l'a vu, est souvent associé à la découverte de la lumière qui, dans l'au-delà, baigne l'univers entier et relie chaque chose à toutes les autres. Cette étincelle divine est déposée en chaque homme: sans elle, il ne peut y avoir aucun être animé. En voici quelques exemples:

«Je me trouvais en présence de quelque chose que l'on pourrait décrire comme un tourbillon de lumière, empli d'un sentiment d'amour universel tout ce qu'il y a de plus magnifique et puissant, différent de tout ce que j'avais vécu jusque-là[1].»

Un autre témoignage raconte:

«J'ai rencontré Dieu. Il m'a reconnue et m'a parlé. J'ai tout de suite su qui il était. Dieu est un Être de lumière. Je ne saurais dire s'il s'agissait ou non d'une expérience religieuse. Là-haut, il n'y a pas de religion. Seulement la clarté et la lumière. Nous Le voyons, et nous savons qu'Il est Dieu[2].»

À observer les EMI réalisées par des Occidentaux, il est très frappant de constater qu'il y est souvent question de rencontres avec Jésus ou avec des saints.

«J'ai vu Jésus. Je l'ai reconnu à son visage, à ses vêtements. Il avait des cheveux longs, bruns et la

1. Högl S., *Transzendanzerfahrungen, Nahtderfahrungen im Spiegel von Wissenschaft und Religion*, «Expériences de la Transcendance», p. 57.
2. *Ibid.*

peau tannée. Il était bien plus petit que je ne l'aurais cru. Il a scruté en mon âme, et a paru satisfait. J'avais parfois déjà ressenti la présence véritable de Jésus – une personne aimable, aimante, qui a toujours été un secours pour moi[1]. »

Dans d'autres expériences, on trouve les récits suivants :

« Je voyais une prairie couverte de fleurs multicolores et une magnifique figure, avec une longue barbe noire et des cheveux noirs ; il tenait des enfants par la main. Il portait une tunique blanche, avec un simple cordon autour de la taille[2]. »

Ces interprétations de l'Être de lumière proviennent des représentations préalables du témoin. En réalité, le Christ, expression de l'amour suprême, est de nature universelle.

Au cours de son expérience de mort imminente, Mellen est entré en interaction directe avec la lumière. Il désirait comprendre la véritable essence de celle-ci. Le passage suivant, tiré de son récit, confirme que nous reconnaissons ce que nous voulons considérer comme Dieu :

« Je pouvais sentir cette lumière. Elle réagissait simplement, et le message était : oui, pour les hommes... Tout dépend d'où l'on vient : cela pouvait être Jésus ou Bouddha, ou Krishna, ou tout ce que l'on veut. »

1. *Ibid.*
2. *Ibid.*

L'Être de lumière

Pourtant, la lumière révèle ensuite à Mellen qu'elle est la matrice, la source et l'origine de tout être, que l'on appelle Force originelle ou Dieu. Mellen poursuit :

« Il m'est apparu très clairement que le Moi supérieur de chaque être est uni à tous les autres en une essence unique, et que nous formons un seul et même être, plus précisément les divers aspects du même être. J'ai vu se former le mandala fait de toutes les âmes humaines. Jamais je n'avais rien vu de si beau. Je suis entré dans ce mandala, et c'était tout simplement sublime. C'était comme tout l'amour dont on ait pu rêver. C'était une sorte d'amour qui vous soigne, vous guérit et vous régénère[1]. »

L'essence de la lumière divine est présente sous forme de l'étincelle du Moi supérieur, image de l'amour divin en chacun de nous. Nous sommes sur Terre pour vivre cet amour.

L'omniprésence de la force originelle dans notre vie reste ignorée de la plupart des gens. Elle est présente dans tout ce qui est : dans la nature, les plantes, les animaux et les hommes ; elle est en nous et autour de nous, et nous sommes immergés en elle.

La lumière au bout du tunnel est donc en réalité l'apparition de notre Moi supérieur, l'observateur silencieux qui prend note de toutes nos pensées, paroles et actions, et qui nous reçoit lorsque nous passons de l'autre côté. Dannion Brinkley :

---

1. Ring K., Elsässer-Valarino E., *Lessons from the Light*, *op. cit.*

«Sa présence [celle de l'Être de lumière] m'était agréable : j'avais une impression de familiarité, le sentiment que cet être avait ressenti avec moi chacune des impressions que j'avais éprouvées dans ma vie, de mon premier souffle jusqu'au coup de tonnerre. Lorsque je regardais cet être, j'avais la sensation que nul ne pouvait m'aimer autant que lui, que nul ne pouvait avoir autant d'empathie, de sympathie, de réconfort et de compréhension sans réprobation que cet être. Même si je dis "lui" en parlant de l'Être de lumière, il n'a jamais été pour moi masculin ou féminin. Mille fois, j'ai revécu cette première rencontre dans ma tête, et je peux dire avec certitude qu'aucun des êtres que j'ai rencontrés n'avait de sexe[1]. »

On peut dire que nous nous regardons littéralement en face, tout en étant liés à la mémoire cosmique, afin de clarifier les conséquences des actes accomplis durant notre vie. En voici quelques brefs exemples :

«Un être de lumière, plutôt une présence que quelqu'un de visible, une lumière dans toute cette lumière. J'ai compris d'emblée que cet être pouvait voir à travers mon âme et découvrir mes secrets les plus cachés. Je savais sans le moindre doute possible que, quoi qu'il puisse voir en moi, il continuerait de me comprendre, de m'accepter et de m'aimer[2]. »

L'amour et la joie absolus provoqués par cette reconnaissance se manifestent dans les extraits de témoignages suivants :

---

1. Brinkley D., *En paix dans la lumière, op. cit.*
2. Högl S., *Transzendanzerfahrungen, Nahtderfahrungen im Spiegel von Wissenschaft und Religion*, «Expériences de la Transcendance», p. 56.

«J'avais la sensation de connaître parfaitement cette lumière, et d'en faire moi-même partie[1].»

«J'ai compris en un éclair que la vie est conscience, et que cette conscience qui sous-tend chaque personnalité existe depuis toujours et existera pour toujours[2].»

Cette conscience, cette certitude d'être toujours protégé et de n'être jamais seul, c'est précisément l'amour que nous devons éveiller en nous-mêmes. Nous comprenons alors que nous existons de toute éternité. Mellen formule cette idée de la manière suivante :

«Tandis que je flottais dans le vide, j'avais l'impression que j'avais une conscience avant même d'avoir été conçu[3].»

Tous les êtres vivants forment une totalité indivisible : comme tels, ils ne sont jamais isolés, mais font partie d'un champ énergétique d'amour et d'harmonie pure.

Le savoir absolu

La rencontre avec l'Être de lumière et avec le divin s'accompagne de l'immersion dans le savoir absolu, la connaissance intégrale de tout ce qui a jamais été et qui sera jamais. C'est un instant d'éternité, au cours duquel toutes les limites temporelles – passé, présent et futur – sont abolies et se fondent dans l'unité du maintenant.

---

1. *Ibid.*
2. Ring K., *Den Tod erfahren, das Leben gewinnen, op. cit.*
3. Ring K., Elsässer-Valarino E., *Lessons from the Light, op. cit.*

L'élargissement de la conscience permet l'accès à l'essence du savoir spirituel total. Une femme raconte :

« C'était comme si je savais tout, comme si plus jamais je n'aurais à poser une question. La curiosité et le désir d'interroger étaient comme balayés. C'était comme si je savais tout sur l'évolution des mondes, sur moi et sur mon propre avenir[1]. »

Les expériences de mort imminente confrontent leurs témoins à des dimensions de l'être ou de la connaissance auxquelles ils n'avaient pas accès auparavant. Les sujets découvrent tout à coup un savoir universel et éternel. Les concepts qui nous permettent d'appréhender la réalité sont transcendés, et l'union intime de notre identité avec le divin et avec la totalité du monde se révèle dans toute sa clarté indubitable. Un témoin explique :

« C'est comme si une lumière surgissait brutalement pour un bref instant dans une pièce où l'on s'est habitué à avancer à tâtons, éclairant chaque chose. On découvre alors ce que signifie voir. À l'instant de la mort, nos illusions s'évanouissent et on voit pour la première fois ce qui se cachait derrière le tableau : la réalité véritable. À cet instant, j'ai compris qu'il existait un savoir universel et que j'y participais. À présent, ce savoir ne m'est plus accessible[2]. »

---

1. *Nah-Todeserfahrungen – Rückkehr zum Leben* (Expériences de mort imminente – Retour à la vie) *in Flensburger Hefte*, n° 51, 1995 (revue allemande spécialisée).
2. Bieneck *et al.*, *Ich habe ins Jenseits geblickt*, *op. cit.*

Ce bref aperçu de la connaissance des lois de l'au-delà nous échappe dès lors que nous retournons dans notre corps. Ce dernier et le simple entendement ne sont pas en mesure de prendre en compte cet élargissement du champ de la conscience, car ce savoir spirituel supérieur fait éclater les concepts de la réalité terrestre et ne saurait donc être traduit en objets sensibles. Pourtant, cette expérience inoubliable reste imprimée à jamais dans l'esprit : on peut donc en conclure que ce savoir est dissimulé au plus profond de chacun de nous. C'est pourquoi tous les récits d'EMI se ressemblent tant.

« Dans cet autre royaume, tout est là, devant nous : la seule chose à faire est de penser à ce que l'on veut savoir, et ça y est, on le comprend. L'esprit culmine sur tout. Ce qui m'a étonné, c'était ma capacité à penser simultanément à tout ce que je voulais. Je me rappelle encore à quel point j'étais surpris de voir toutes les pensées auxquelles je pouvais réfléchir en même temps, en comprenant tout sans difficulté[1]. »

Sur ce point, un jeune homme fait la description que voici :

« J'avais l'impression que tout ce que j'avais jamais voulu savoir m'était à présent accessible. Mais lorsque j'ai demandé "pourquoi suis-je ici ?", j'ai senti que cette impression prenait fin brutalement. C'était comme si tout ce savoir provenait du plus profond de moi-même, car je n'avais besoin de parler à personne : tout

1. Ring K., Elsässer-Valarino E., *Lessons from the Light*, *op. cit.*

se passait, simplement. Chaque fois qu'une question me venait à l'esprit, c'était comme une illumination[1]. »

L'accès au savoir illimité, dans lequel chaque question trouve sa réponse, est un aspect des expériences d'unité cosmique. La totalité du savoir de tous les temps est gravée dans la conscience universelle. On comprend donc que rien ne se perd, pas un instant de la moindre existence, car à la base de tout être se trouve un esprit, cause originelle de toute la création. C'est précisément avec cet esprit que certains sujets entrent en contact au cours d'une EMI. Ils savent alors (comme le montrent les métaphores, toutes très similaires, utilisées pour décrire cette étape) qu'ils ne font qu'un avec la totalité de l'Être. Certains disent avoir pris conscience de la totalité des choses créées. Un témoin affirme avoir su tout à coup pourquoi chaque atome existait. Les sujets se souviennent alors de leur origine spirituelle, dont ils n'ont en fait jamais été séparés : nous sommes tous une partie du grand Tout divin.

Expériences du divin

Certaines expériences de mort imminente vont bien au-delà du schéma traditionnel du tunnel, de la lumière et de la vision du défilement de la vie. Elles révèlent les secrets de la création, des perspectives vertigineuses sur l'au-delà et, dans certains cas, aboutissent à une fusion directe avec Dieu. Les chercheurs parlent alors d'*expériences de mort imminente ultimes*. Ces expériences

1. *Ibid.*

surviennent lorsqu'une EMI se prolonge au-delà des cinq minutes ordinaires. Dans certains cas très rares, le patient est cliniquement mort pendant près d'une heure, mais les médecins parviennent tout de même à le ramener à la vie. Le point commun marquant de tous ces récits est que les sujets ont effectivement pénétré dans la lumière, et ont donc vécu une fusion de leur Je terrestre avec leur Moi supérieur, ce qui les a catapultés dans l'univers multidimensionnel des mondes de lumière. Sans se connaître, les sujets décrivent tous une deuxième lumière centrale, perçue alors comme une rencontre directe avec le divin.

« J'ai été transporté dans la lumière et, à ma grande surprise, je l'ai traversée. C'était comme si je franchissais une sorte de mur du son. Tout s'est passé très vite, et quand j'ai rencontré *cette* lumière (la deuxième lumière), c'était comme si j'allais me dissoudre. À cet instant, j'ai compris que j'étais parvenu au point d'origine. C'était la toute première lumière[1]. »

Mellen indique qu'à cet instant, il a pris conscience de toutes les choses créées. Il se trouvait directement en Dieu, et voyait avec son regard. Il a ensuite vécu son expérience dans le sens inverse.

« J'ai vécu le big-bang en sens inverse : j'ai alors compris que tout ce qui a eu lieu depuis ce que l'on appelle le commencement n'est en fait que la première vibration[2]. »

Pendant son retour, Mellen a pu percevoir l'univers dans son entier sous forme d'énergie pure. Nous

1. *Ibid.*
2. *Ibid.*

sommes tous liés ensemble au sein d'une unité cosmique. Le Moi supérieur est notre lien avec Dieu, c'est grâce à lui que nous pouvons revenir en sa présence, retrouver la vibration originelle. Dans la communauté avec Dieu, nous sommes des êtres éternels ; nous existions en Lui avant même le big-bang. Il est la cause première de tous les phénomènes de cette vibration.

Les mystiques de toutes époques ont décrit la conscience extracorporelle élargie et le centre de vie de tous les êtres. Paramahansa Yogananda, le grand maître indien, a fait lui-même l'expérience de la conscience cosmique lors d'une percée spirituelle, durant une méditation. La ressemblance de l'expérience qu'il décrit avec une EMI est saisissante.

« Ma conscience personnelle ne se limitait plus à moi-même, mais s'étendait à chacun des atomes qui m'entouraient. Les rayons divins jaillissaient de leur source éternelle dans toutes les directions et formaient des voies lactées resplendissant d'un éclat indescriptible. J'ai compris que l'esprit divin était une béatitude infinie, et que son corps était constitué d'une infinité de réseaux de lumière. La félicité qui s'élevait en moi commençait à englober des villes, des continents, la Terre entière, le système solaire et les systèmes stellaires, l'éther originel et les univers en vibration[1]. »

Toutes les formes et toutes les forces de l'univers sont conservées dans leur être uniquement par l'activité de Dieu. L'expérience du divin est une expérience universelle, qui est toujours décrite dans des

---

1. Yogananda P., *Autobiographie d'un Yogi*, Adyon, 1973.

termes analogues, quelle que soit la culture d'origine des témoins.

Dans son expérience de mort imminente, Howard Storm décrit lui aussi la source centrale d'une présence qui baigne toutes choses. Son Moi supérieur l'enveloppe et l'entraîne vers une galaxie éloignée.

« En son centre régnait une lumière incroyablement concentrée. Des millions et des millions de boules lumineuses tournoyaient en spirale autour de cette gigantesque entité centrale. En m'approchant du centre éclatant, j'ai été traversé par un rayonnement sensible, que j'ai compris comme étant un flux intense de pensées et de sentiments[1]. »

La conscience du témoin s'élargit au point qu'il saisit non plus seulement l'univers, mais aussi son origine. Norman Paulsen relate le point suivant :

« Je m'étends en prenant la forme d'une sphère, je me déplace à une vitesse inimaginable, dans toutes les directions à la fois. J'ai à présent autour de moi toute la lumière de la création : les systèmes stellaires, les galaxies, les univers, j'existe en eux, et ils existent en moi. C'est une extase pure. Je me sens au-delà des limites de tout ce que j'avais jamais perçu[2]. »

Une expérience de ce type est quasiment impossible à décrire avec des mots humains. Au cours d'une EMI, tous ces objets sont perçus, mais pas avec les organes des sens physiques : les yeux intérieurs s'ouvrent et se mettent en résonance avec la conscience cosmique

---

1. Ring K., Elsässer-Valarino E., *Lessons from the Light, op. cit.*
2. *Ibid.*

divine. Cette essence de Dieu a été décrite par Tom Sawyer de la manière suivante :

« L'essence de Dieu contient le savoir total, l'omniscience et l'amour inconditionnel. Tout est présent, le temps ne s'écoule plus. Il m'a été offert de faire l'expérience du savoir total : c'était un cadeau de l'amour. Dieu nous aime et nous donne accès à ce savoir absolu. J'ai alors ressenti la puissance infinie de Dieu[1]. »

Cet instant passé au cœur du divin apporte une réponse à toutes les questions que nous nous posons et éclaire le sens de la vie, qui bien souvent nous est devenu inaccessible durant notre vie terrestre, chargée de tentations. Voici un témoignage qui décrit cela avec exactitude, montrant à quel point cet état de conscience ultime est difficile à expliquer en mots humains :

« J'étais pour ainsi dire nourrie de savoir, de tout ce que l'on peut savoir, comprendre ou penser. Je connaissais et *j'étais* entièrement la vérité et la beauté. Je ne faisais plus qu'un avec tout ce qui est. Il n'existe pas de mots pour donner une idée approchante de cet événement. Il n'y a pas assez de degrés pour faire comprendre le niveau de beauté, d'unité, d'harmonie et de pureté de tout ce savoir et de tout cet amour[2]. »

Virginia parle elle aussi du sentiment qu'elle a eu de se trouver au centre divin de l'univers.

---

1. *Nah-Todeserfahrungen – Rückkehr zum Leben*, *op. cit.*
2. Högl S., *Transzendanzerfahrungen, Nahtderfahrungen im Spiegel von Wissenschaft und Religion*, « Expériences de la Transcendance », p. 69.

«Il y régnait une conscience totale, absolue. Je ne voyais pas Dieu de la même manière que je vous vois à présent, mais je savais qu'il s'agissait de Lui. Une beauté, une lumière qui rayonnait de l'intérieur à l'infini dans toutes les directions et touchait chaque atome de l'univers. L'harmonie des couleurs, des formes et de la mélodie trouvait ici son origine, au cœur de la lumière. C'était Dieu, son amour, sa lumière, son être essentiel, la force de la création, qui irradiait jusqu'à la fin de l'éternité et venait à moi sous la forme de la pulsation lumineuse de l'amour, pour me ramener chez moi[1].»

Virginia a connu la fusion en Dieu. La communication ne s'effectue pas par des mots, mais par transmission directe de pensée. Elle poursuit ainsi sa description :

«Il ne me parlait jamais à l'aide de mots, mais j'entendais ses pensées encore plus clairement que si elles étaient verbales. Ses paroles, Ses pensées, Sa voix en moi étaient magnifiques, ravissantes, irrésistibles sans donner d'ordres ; douces, bienveillantes et pleines d'un amour que les mots ne sauraient décrire. Se trouver en Sa présence était quelque chose de plus inspirant, de plus attrayant que toutes les sortes d'harmonie et d'amour que l'on peut trouver dans notre réalité[2].»

Dieu n'est pas perçu comme une personne, mais comme un formidable champ énergétique d'amour inconditionnel et de connaissance. Cette vérité fait voler en éclats les représentations que l'on se fait

1. Ring K., Elsässer-Valarino E., *Lessons from the Light*, *op. cit.*
2. *Ibid.*

d'ordinaire sur cette force originelle. Il n'a ni forme ni sexe. Un témoin le décrit de la manière suivante :

« Là, devant moi, se tenait la présence vivante de la lumière. En Lui, je sentais l'intelligence pénétrant chaque chose, la sagesse, l'empathie, l'amour et la vérité. Cet être parfait n'avait ni forme, ni sexe. Il contenait toute chose, comme le blanc contient toutes les couleurs de l'arc-en-ciel dans lesquelles il se décompose en passant à travers un prisme. Et tout au fond de moi s'est formée cette idée incroyable : moi, oui, moi, je me suis tenue face à Dieu[1] ! »

Le Moi supérieur, par lequel nous sommes liés à Dieu, est l'émissaire de cet amour au sein de notre âme. Nous sommes nés pour déployer et vivre cet amour sur cette Terre. L'amour et la connaissance spirituelle sont les seules richesses que nous emporterons avec nous lors de notre mort. Ce centre énergétique pur, limpide, image de Dieu en nous, se caractérise aussi par son humour et son caractère compréhensif vis-à-vis des faiblesses de notre vie.

Dieu a de l'humour, afin de nous libérer des charges du quotidien. Le monde spirituel n'est absolument pas un lieu figé dans la sainteté rigide d'une prière universelle ; il est au contraire empreint de légèreté et de joie. Une femme se souvient :

« Et, tandis que la lumière se rapprochait et devenait plus grosse, j'ai commencé à éprouver ce sentiment d'amour et de chaleur, mais accompagné d'une sorte de rire franc, comme s'il avait en quelque sorte le sens de l'humour. Tous mes problèmes et toutes mes peines

1. *Ibid.*

se sont évanouis, jusqu'à ce que je devienne comme une boule de bonheur pur qui filait à toute vitesse vers la lumière. Je riais, parce que j'étais tellement heureuse d'être dans cette lumière, et je sentais que ma destination était d'être là[1]. »

Une autre femme parle des transformations intervenues dans sa vie après son EMI.

« Je crois que je juge les gens moins durement qu'avant. Peut-être aussi ai-je plus le sens de l'humour qu'auparavant[2]. »

Notre créateur ne veut pas la peine, mais notre joie. Le quotidien est souvent suffisamment difficile, mais ces témoignages nous montrent qu'il ne faut parfois pas prendre trop au sérieux toutes les choses de la vie, et s'autoriser plus de légèreté et d'humour. Il y a une raison à tout ce qui se produit, et notre Moi supérieur le sait tout au fond de lui.

Lors de la fusion mystique avec la force divine, non seulement toutes nos questions trouvent une réponse, mais les témoins éprouvent une extase indescriptible qui les transforme à jamais. Beverly raconte :

« À cet instant, je n'étais pas simplement consciente du savoir universel, mais aussi de l'amour universel. C'était comme si la lumière se déversait en moi et à travers moi. J'étais l'objet de l'adoration de Dieu ; et Son/notre amour m'offrait de la joie et de l'amour audelà de toute représentation possible. Mon être a été

1. St Clair M., *Near-Death Experience: The Illustrated Dossier*, *op. cit.*
2. Ring K., *Den Tod erfahren, das Leben gewinnen*, *op. cit.*

transfiguré. Mes aveuglements, mes péchés et mes fautes ont été pardonnés et apurés, sans que j'aie eu à le demander. J'étais désormais amour, être originel et béatitude ; et, en un certain sens, je le suis encore aujourd'hui. Une telle union ne peut être dissoute : elle a toujours été, elle est toujours et sera toujours[1]. »

En comparant les récits entre eux, on voit que les témoins ont reçu pour l'essentiel la même révélation divine d'une deuxième lumière, ou de la vision du centre de l'univers. Il va de soi qu'une telle expérience ne peut qu'avoir des répercussions très profondes sur la vie des témoins, qui perçoivent la vie d'une manière entièrement nouvelle et agissent en conséquence. Vingt ans après son expérience de mort imminente ultime, Beverly relate les transformations et implications profondes que celle-ci a eues sur la suite de son existence :

« Aucun rêve, aucune hallucination n'auraient pu être assez puissants pour transformer radicalement mon existence entière. Bien au contraire : aujourd'hui, je vois le reste de ma vie comme une fantaisie fugace, un rêve rapide, qui prendra fin lorsque je m'éveillerai de nouveau au sein de cette source de vie et de bénédiction. À ceux qui vivent dans le deuil ou la peur, je peux l'assurer : la mort n'existe pas, et l'amour ne s'achève jamais. Pensez aussi que nous sommes chacun un aspect du grand Tout, et qu'ainsi, nous sommes liés à Dieu et liés entre nous. Un jour, vous qui lisez ces lignes, et moi, serons unis dans la lumière, dans l'amour et dans la béatitude infinis[2]. »

---

1. Ring K., Elsässer-Valarino E., *Lessons from the Light*, *op. cit.*
2. *Ibid.*

11

La signification des EMI pour le processus de fin de vie

La mort, expérience spirituelle

Les caractères universels des expériences de mort imminente, tels que nous les avons développés au long de cet ouvrage, montrent ce que chacun d'entre nous vivra au moment de sa mort. Les transformations que connaissent la plupart des personnes ayant réalisé une EMI correspondent très exactement à la métamorphose que traverse un mourant lorsqu'il ouvre son esprit, au cours du cheminement spirituel du décès, et parvient à accepter sa mort imminente.

La mort est une expérience profondément spirituelle, car la séparation entre l'âme et le corps est associée à un ensemble complexe de phénomènes survenant à ce moment. On peut donc dire que les divers aspects des expériences de mort imminente correspondent à la description concrète du passage dans l'au-delà. Ces caractères essentiels sont les mêmes que ceux qui définissent le processus de décès.

La vie et la mort sont des étapes d'un chemin de croissance. Tout au long de notre vie, l'âme nous offre des opportunités d'apprendre, de grandir, de devenir plus conscients, nous laissant ainsi découvrir peu à peu et accomplir la tâche de notre existence. L'ultime occasion d'apprendre est l'approche de la mort : on s'observe au miroir de la vie que l'on a menée, et l'on a, jusqu'au dernier instant, la possibilité de changer quelque chose. C'est pourquoi la mort est un événement éminemment doté de sens, car il peut donner naissance à quelque chose de nouveau et de supérieur. Il est possible de grandir jusqu'au moment exact de la séparation effective de l'âme et du corps, et naturellement encore au-delà de cet instant.

La peur de la mort

Comme on a vécu, ainsi l'on meurt et l'on sera reçu dans le monde spirituel. Dans l'univers, rien ne se perd, et par notre disposition intérieure, nous façonnons notre propre réalité, qui englobe également la mort et le cheminement qui la précède.

Ce qui nous sépare de la voix intérieure de notre Moi supérieur, c'est notre peur de la mort. Au moment de mourir, nous sommes confrontés à tous les conflits non résolus de notre existence. C'est principalement là qu'apparaissent les peurs non surmontées, c'est-à-dire tout ce qui tient à notre rapport à la mort mais que nous avons refoulé. Le mourant est ainsi déstabilisé, et si son lien avec le monde spirituel n'est pas assez ferme, il se trouvera face à des scénarios d'effroi, ou verra surgir à la surface de sa conscience ses peurs les plus enfouies.

Celui qui ne s'est jamais confronté avec la question du sens de sa vie n'aura pas la confiance nécessaire au moment où les doutes, les peurs et la méfiance vis-à-vis des questions spirituelles ne peuvent plus être laissés de côté ; ce qui provoquera une peur panique face à l'invisible et à l'incontrôlable.

Celui qui a passé sa vie à se fuir lui-même, et à se voiler la face devant ses propres vérités, n'aura pas cette force intérieure que l'on ne trouve de toute façon jamais hors de soi-même. Au cours du décès, nous sommes confrontés à nos représentations du monde, telles qu'elles se sont forgées sur la base de nos attentes, de nos souhaits et de nos peurs, qu'une telle attitude soit consciente ou bien qu'elle sommeille inconsciemment au fond de nous.

Le principe spirituel de l'attraction fonctionne aussi au moment du décès : la peur attire la peur, les récriminations contre le destin attirent le doute, tandis que la confiance en Dieu amène la paix et permet de lâcher prise sereinement. Ce que, au cours de notre vie, nous avons espéré au plus profond de nous, nous l'attirons à l'instant de notre mort. Les masques de la mort sont des expressions de la vie que nous avons vécue.

C'est justement la raison pour laquelle on se demande pourquoi certains se tourmentent tant au moment de mourir, tandis que d'autres lâchent prise sans difficulté. Dans l'accompagnement, il est essentiel d'éviter de porter un jugement : ce serait vouloir s'élever au-dessus de la création. Nul ne peut connaître le Moi le plus profond d'autrui.

Il est indispensable pour les mourants de parvenir à la certitude d'être au clair et en paix avec eux-mêmes. Ce que nous avons su donner et recevoir est mis dans la balance qui fait le bilan de notre vie, d'un point de vue à la fois matériel, spirituel et énergétique. Plus l'on est désintéressé, plus on a donné d'amour sans attendre de contrepartie, plus le cheminement vers la mort sera facile et conscient. Nos peurs ou notre confiance, nos souhaits et nos attentes, nos représentations et nos jugements déterminent le chemin que nous empruntons vers l'au-delà. Par nos pensées, nous forgeons notre propre réalité, que ce soit durant notre vie terrestre, lors de notre mort, et au-delà.

Les attentes au moment de la mort prennent chez chacun une couleur différente : c'est ce qui apparaît de manière indubitable dans les expériences de mort imminente qui, malgré des traits communs, sont vécues différemment par chaque témoin. Nous avons à chaque instant la possibilité de nous ouvrir à la lumière de l'amour de Dieu.

Si nous savons saisir cette chance, que ce soit durant la vie ou à l'heure de la mort, les doutes, les peurs et le sentiment de solitude s'évanouissent instantanément. Toute personne qui accompagne les mourants peut être certaine que le travail de séparation entre l'âme et le corps trouve un soutien dans le monde spirituel. Les processus décisifs au moment de la mort s'accomplissent hors de portée des sens ordinaires, car ils sont de nature spirituelle.

Souvenez-vous que vous êtes lumière, et que vous le serez toujours. Remerciez la force originelle pour le présent de la vie éternelle ! Demandez du soutien, et recommandez le mourant à la protection du créateur.

Le déclenchement du processus de décès

Lorsque débute le processus qui conduira au décès définitif, le mourant ne peut en général plus quitter son lit par lui-même. Il n'a presque plus d'énergie, il est incapable de tenir les objets, et paraît sans force. Il dépend de l'aide des autres. Nous traiterons ici de la phase ultime du décès, c'est-à-dire de la séparation finale entre l'âme et le corps.

Les mourants passent par des phases alternant le sommeil et la veille. Certains d'entre eux perçoivent cet état comme agréable, tandis que d'autres le refusent. Dès cette première étape de déclenchement du processus, on peut voir si la personne est prête à mourir ou si elle refuse de se soumettre à cette nécessité.

Il est dès lors crucial pour les accompagnants d'aider la personne à accepter sa mort. Plus elle manifeste d'opposition, plus le travail s'avérera difficile. Tous les phénomènes survenant au cours de cette phase s'expliquent par le long détachement de l'âme par rapport au corps, qui modifie la perception du mourant et peut parfois élargir sa conscience, de manière semblable à ce qui se produit dans les EMI. Le voile tendu entre ce monde-ci et l'autre monde se soulève. Comme nous avons tendance à fixer notre attention plutôt sur le corps et les symptômes physiques du mourant, nous méconnaissons le fait que, derrière ce que l'on peut percevoir avec nos yeux, se trouve la présence d'une puissance supérieure. Celle-ci dirige les processus immatériels, qui ne sont pas toujours reconnaissables pour les proches.

Il est donc crucial que les accompagnants sachent que le mourant, qu'il soit conscient, inconscient ou dans le coma, perçoit tout ce qui se produit autour de lui. C'est essentiel, parce que l'on peut estimer que toutes les réactions des proches et les sentiments et pensées qu'ils entraînent sont perçus par le mourant. Il voit et entend tout ce qui se produit à l'entour.

Ainsi, si vous rendez visite à un mourant, vous devez faire preuve de respect et de gratitude : ne vous laissez pas aller par exemple à la médisance, en pensant que la personne n'est pas consciente.

Le mourant sait qu'il devra partir. C'est un savoir que chacun porte au fond de lui-même, même en cas de mort brutale. C'est pourquoi il faut comprendre que toute tentative d'embellir la situation ou de masquer à la personne son état véritable n'a plus sa place. Évitez les phrases du type : « Dans trois semaines, tu seras rentré à la maison. »

Dans le travail final du décès, il est important, au lieu de parler du temps ou du bouquet de fleurs, d'aider le patient à se mettre au clair avec lui-même.

Profitez de l'occasion pour parler, vous aussi, des problèmes irrésolus de votre côté. Si votre père était un tyran, vous pouvez dire : « Tu ne m'as pas toujours rendu la vie facile. » Peut-être cela donnera-t-il lieu à une dernière conversation franche qui permettra d'apaiser la rage ou la rancune accumulées. Pensez que la relation à un défunt ne peut se défaire qu'à condition que le proche soit lui aussi capable de renoncer à sa rancœur par le pardon. L'accompagnement des personnes en deuil montre qu'énormément de gens se rongent de n'avoir pas pu exprimer certains sentiments au moment voulu.

La confrontation avec les problèmes irrésolus

Nous avons déjà étudié en détail, au cours d'un chapitre approfondi, la signification pour l'existence humaine de la vision du défilement de la vie. Il s'avère que le travail du décès contient également toujours une confrontation avec les points inachevés de notre vie : les images de ce que nous avons vécu remontent à la surface de la conscience.

Il arrive toujours un moment où l'esquive n'est plus possible : c'est, au plus tard, sur le lit de mort. Nous nous voyons alors en face, sans fard. Au cours de notre vie terrestre, nous pouvons souvent refouler les vérités et les faits désagréables, lorsque nous ne voulons pas les admettre, mais ces vérités nous rattrapent, au plus tard à l'heure de mourir. Un excellent exemple de cela est l'expérience que des millions de personnes ont faite de la guerre. C'est l'un des tabous les plus importants de notre époque : chez les personnes de cette génération, les traumatismes liés à cette expérience refont surface au moment du décès. Les proches sont alors bouleversés et effrayés d'apprendre de leur père ou de leur grand-père des choses qu'ils n'auraient jamais crues possibles.

Il arrive que des femmes aient été violées mais n'en aient jamais parlé, ou bien qu'elles aient travaillé dans des camps mais aient toujours gardé le silence sur ce point. Des hommes qui ont tué pendant la guerre se trouvent à présent confrontés aux conséquences de leurs actions. Dans les années 1950, il fallait remodeler et reconstruire le pays ravagé par la guerre. Les aides psychologiques et les thérapies permettant d'évacuer les traumatismes étaient alors quasiment inexistantes. Le mécanisme de refoulement généralisé a laissé son empreinte sur les générations d'après-guerre. Tous les non-dits et toutes les questions en suspens ont eu des conséquences très profondes sur les enfants nés par la suite.

Il n'est donc pas étonnant que la génération des personnes qui ont aujourd'hui plus de quatre-vingts ans soit atteinte, plus qu'aucune autre dans l'histoire, de la maladie d'Alzheimer ou de démence sénile. Lorsque trop d'événements traumatiques n'ont pas été réglés, ils ressurgissent au moment de la mort. L'âme protège le sujet en le laissant partir dans un état intermédiaire, dans lequel la responsabilité personnelle est « désactivée ». Assister à la déchéance spirituelle d'une personne et ne rien pouvoir y faire est très difficile à vivre pour ses proches. La seule action possible est de persévérer dans son amour et de faire preuve d'acceptation et d'empathie.

On peut ainsi enrichir le niveau spirituel qui n'est pas atteint par la démence. Le fait que l'âme reste toujours entière et intacte se révèle aussi au cours du travail menant au décès de personnes handicapées mentales de naissance. Celles-ci parviennent souvent à surmonter un instant leur maladie pour articuler quelques paroles, afin de les conclure avant de mourir.

Le travail de connaissance de soi, en prenant conscience de ses propres faiblesses et erreurs, comporte chez les mourants la volonté de pardon de soi et des autres. Nombreux sont ceux qui, admettant avoir fait du tort aux autres, cherchent à se réconcilier avec eux, pour donner une conclusion satisfaisante à leur vie.

Lorsque le mourant sait qu'une personne avec laquelle il souhaiterait se réconcilier va lui rendre visite, il peut parfois, même dans des situations critiques, bloquer le processus dans lequel il est pris. On voit là à quel point le pardon est essentiel pour pouvoir lâcher prise. Dès que cette conversation attendue a eu lieu, le sujet peut partir en paix.

Durant cette phase, il est essentiel que l'accompagnant soutienne le mourant en prévenant les proches ou les amis qu'il souhaite voir. Hélas, il est fréquent que cette tentative de reprise de contact échoue en raison de l'obstination ou de l'intransigeance des proches.

Vous pouvez amorcer ce processus bénéfique de bilan existentiel en demandant directement au mourant s'il existe des points qu'il voudrait clarifier ou s'il souhaite revoir telle ou telle personne. Il est à ce moment particulièrement important d'écouter la personne sans préjugé. Permettez-lui d'exprimer librement ses sentiments.

Pour parvenir à l'accomplissement, le mourant doit radicalement lâcher prise avec tout ce qui a été important dans sa vie : les hommes, les animaux, la musique, les livres, les voitures, etc. C'est parfois douloureux et triste, parfois accompagné de colère, d'un état dépressif ou d'explosions d'émotions. Contentez-vous d'être présent auprès de lui : tout ce dont il a besoin, c'est d'une véritable empathie aimante, jamais de condamnations ni d'apitoiement.

Les visions des mourants

Lorsque des proches s'accrochent trop au mourant et ne veulent pas admettre sa mort, parlez avec eux. Nombreux sont ceux qui sont en fait préoccupés de leur propre deuil, et pas réellement du mourant. Il est donc essentiel de les aider à accepter la mort. C'est au cours de cette phase que surviennent les visions d'agonie. L'âme se détachant peu à peu du corps, le mourant entre dans un état de conscience élargie et se trouve en partie hors de son corps. L'expérience extracorporelle est une condition essentielle au passage dans l'au-delà.

Comme on l'a vu, les expériences de mort imminente démontrent que le sujet perçoit tout ce qui se produit autour de son corps terrestre. C'est exactement la même chose qui se produit pour le mourant. Il se trouve dans un état de conscience supérieure, et il s'ouvre à la présence du monde spirituel. Il rencontre des défunts, de même que dans les récits d'EMI. Il est accueilli par des proches décédés qui viennent le chercher. Tout ceci se produit alors que sa conscience est parfaitement claire.

Ce moment est souvent pris à tort par les proches pour une soudaine amélioration de l'état de santé. En réalité, les visions des mourants sont un signe certain que la mort est proche. Elles font partie intégrante du processus conduisant au décès et surviennent fréquemment seulement quelques jours, voire quelques heures, avant le passage définitif. Hélas, ces expériences essentielles pour le sujet sont souvent dénigrées dans les maisons de retraite et les hôpitaux comme de simples hallucinations, et il n'est pas rare qu'elles soient anéanties avec des psychotropes ou des calmants.

Lorsque le mourant commence à parler des défunts, des êtres de lumière ou des anges qu'il voit désormais, il est important que les accompagnants le prennent au sérieux. Si vous parvenez à faciliter cet échange, votre proche pourra vous donner plus de précisions sur ses visions ou ses perceptions. Même si vous pensez que de telles choses ne sont pas possibles, mieux vaut ne rien en dire. Si vous réagissez par le refus, le mourant le ressentira immédiatement et ne vous dira rien de ce qu'il vit.

De l'extérieur, on peut reconnaître les visions de l'autre monde au fait que le mourant fixe, les yeux grands ouverts, un point précis de la pièce. Beaucoup tendent les mains et les bras vers un but imaginaire. Ce qu'ils aperçoivent à ce moment, on ne peut le plus souvent ni le voir ni même le deviner, mais les innombrables cas recensés dans la pratique de l'accompagnement attestent sans aucun doute possible le fait qu'ils voient quelque chose.

« Mme Rahn était alitée depuis un certain temps. Elle n'avait plus personne dans sa vie. Un matin, en entrant dans sa chambre, j'ai vu qu'elle essayait désespérément de se redresser à l'aide de la poignée au-dessus de son lit. À ses yeux, je pouvais reconnaître qu'elle voyait quelque chose qui la touchait et l'émouvait profondément. Doucement, je me suis approchée de son lit. Lorsqu'elle m'a remarquée, elle a chuchoté : "Mère, te voici enfin !" Peu après, elle est morte, sereine, dans mes bras. Elle avait enfin trouvé la paix. »

On peut à peine se figurer la joie qui éclate lorsqu'une personne retrouve sa mère défunte après des années de séparation. Face à ces visions, les mourants manifestent de la joie, de l'étonnement et du bonheur. Ils se sentent accueillis, aimés et attendus ; le plus souvent, ils meurent en paix peu après. Si vous avez déjà regardé un mourant dans les yeux, vous saurez reconnaître cette joie à l'éclat du regard, comme éclairé d'une lumière intérieure. Les portes de l'au-delà sont à présent grandes ouvertes. Une assistante hospitalière m'a raconté ceci :

« Tout à coup, M. Krause a ouvert les yeux ; ils rayonnaient d'une douceur et d'une félicité indicibles. Ils avaient une sorte de lumière intérieure, un éclat que je n'avais jamais vu. Je crois qu'il était comblé. C'est avec ce regard qu'il s'est éteint ; je ne l'oublierai jamais. »

Il y a lieu de supposer que de nombreux mourants voient la lumière dès le début de leur passage dans l'autre monde. C'est pourquoi les récits des personnes accompagnant les mourants mentionnent si souvent des phénomènes lumineux.

À présent, tu peux partir

L'extension progressive de la conscience fait que le mourant ressent de plus en plus fortement la douleur et le chagrin de ses proches, et leur incapacité à lâcher prise. C'est ce qui explique un phénomène fréquemment rapporté, présenté ainsi dans l'exemple suivant :

« Monika était assise depuis des heures et des heures auprès du lit de son mari, qui était très agité. Elle tentait de l'apaiser, mais en même temps, elle avait très peur de le voir mourir. Elle n'était pas prête à le laisser s'en aller. À un moment, elle a eu besoin de prendre un café et a quitté la chambre un instant. Lorsqu'elle est revenue, quelques minutes plus tard, son mari venait juste de mourir. Elle s'est amèrement reproché de n'être pas restée auprès de lui. »

Le mourant sait exactement si l'un de ses proches est prêt à le laisser partir. Voilà pourquoi bien des gens meurent, comme dans cet exemple, au moment précis où la personne qui les accompagne quitte la pièce. Dès que quelqu'un s'accroche, le décès est plus difficile. Nous sommes ici confrontés à un autre phénomène du processus de la mort : jusqu'à un certain point, le mourant peut choisir lui-même l'instant de son passage dans l'autre monde. À l'inverse, il peut aussi naturellement arriver qu'il veuille absolument mourir en présence de sa fille bien-aimée. Il tentera alors de réaliser cette situation. Par conséquent, nul ne doit culpabiliser de n'avoir pas été présent à l'instant du décès. Dans ce contexte général, une simple phrase doit suffire : « À présent, tu peux partir ! »

Le mourant se fait tout autant de soucis à propos de ceux qu'il laisse derrière lui que ceux-ci s'en font à son sujet. En acceptant et en comprenant la nécessité de mourir, nous pouvons faciliter la situation du mourant, le laisser partir dans le calme et la sérénité et trouver enfin son repos. Les accompagnants doivent absolument éviter toute activité inutile et toute agitation. Lorsque la mort est vraiment imminente, chacun doit être conscient qu'il ne peut plus rien faire, si ce n'est se tenir avec compassion auprès du mourant. Si vous parvenez à établir le calme, vous sentirez peut-être l'atmosphère sacrée qui règne dans la pièce.

La mort provoque une libération d'énergie considérable, jusqu'à ce que l'âme puisse enfin se désolidariser du corps. Les diverses phases du processus s'enchaînent souvent sans transition.

La dissolution des éléments

À cette étape, le mourant n'absorbe normalement plus de nourriture solide. Par contre, si l'on intervient artificiellement dans le processus menant au décès, on peut le rallonger et le rendre interminable, en empêchant l'âme de quitter le corps. On ne veut souvent pas admettre qu'à partir d'un certain point, le mourant ne veut plus manger, ce qui fait partie intégrante du cheminement vers son décès. C'est un signe infaillible du fait que la mort est désormais proche. Pour finir, nombreux sont ceux qui refusent également toute prise de liquide. Par une disposition bienveillante de la nature, la sensation de faim et de soif disparaît à mesure que le corps se délabre. C'est un phénomène tout à fait naturel.

Au cours de cette étape, on assiste à l'épuisement des dernières réserves physiques. Cela peut se faire en douceur, si le mourant parvient à accepter son décès. Chez d'autres, on assiste à des cris, des gémissements et un refus obstiné. L'âme commence à se défaire définitivement du corps, ce qui déclenche la dissolution des éléments : *terre, eau, feu et air*. Ce processus permet à la force vitale de quitter le corps. Il est observable de l'extérieur, et a été transmis sur des millénaires par toutes les traditions de sagesse, comme les *Livres des morts* tibétain ou égyptien.

La dissolution des éléments est un phénomène universel, qui décrit concrètement ce qui se produit dans le corps au moment où l'âme le quitte. Plus le sujet se défend, plus cette dissolution s'avère difficile. Elle libère en tout cas des quantités d'énergie démesurées.

Lorsque la *terre* se dissout, le mourant n'a plus la force de se redresser de lui-même ni de tenir fermement les objets. Il dépend de l'aide des autres, et perd peu à peu le contrôle de son corps. Il est faible, fragile, sa peau est de plus en plus pâle, ses joues se creusent. Nombreux sont ceux qui se défendent contre cette perte du contrôle de leur corps. Les membres paraissent lourds, on a la sensation de s'enfoncer dans le sol.

Il est alors particulièrement important de faire savoir au mourant qu'il n'est pas seul. Lorsqu'il fait preuve d'une résistance excessive face à l'avancée de la mort, il a tendance à geindre ou à crier. Certains parviennent même à grimper par-dessus le rail du lit. Ils cherchent littéralement à échapper à la mort : le personnel soignant les retrouve parfois au matin, morts au milieu de leur chambre.

La mort est un processus qui se divise en deux parties : le délabrement externe du corps n'est pas perçu par le mourant lui-même, car c'est en réalité l'âme qui se détache du corps. La séparation de l'élément *eau* provoque la perte de contrôle sur les fluides corporels et sur l'excrétion. Le sens de la vue baisse, tandis que l'odorat disparaît. De la mousse commence à se former dans les poumons, ou bien des gargouillements s'échappent de la gorge. C'est un phénomène tout à fait naturel. De l'extérieur, on peut avoir l'impression que le patient va se noyer avec l'eau de ses propres poumons, ce qui n'est bien sûr pas le cas. Il est important que les accompagnants lui fassent comprendre que bientôt, il sera entouré d'amour pur.

L'eau se résorbe dans l'élément *feu*. La chaleur corporelle commence à s'évanouir, le plus souvent en partant des pieds et des mains en direction du cœur. Le nez et la bouche se dessèchent, et le mourant ne peut plus absorber de liquide. Il ressent une sensation de chaleur ; certains ont même la sensation de brûler de l'intérieur. Ils sont alors souvent irritables ou angoissés.

Il est crucial pour les accompagnants de savoir que, durant cette phase, le mourant voit des images de la vie qu'il a vécue. Conseillez-lui de se défaire de tout sentiment de culpabilité : il a fait du mieux qu'il pouvait sur la base de ce qu'il savait. Assurez-lui que tout sera pardonné, et que seul demeure l'amour.

À présent, le *feu* se dissout à son tour, laissant la place à l'élément *air*. La respiration devient de plus en plus pénible et un râle caractéristique se fait entendre. On remarque que l'inspiration se fait par à-coups, tandis que l'expiration est de plus en plus lente. On peut parfois avoir l'impression que la mort est déjà survenue, car la respiration devient plus difficile et les intervalles entre chaque souffle se font de plus en plus longs.

L'instant de la mort

La dissolution finale des éléments aboutit à l'instant même du décès. Toutes les fonctions corporelles s'arrêtent et le processus s'achève avec le dernier battement du cœur et le dernier souffle. La mort est alors accomplie. Dans la chambre, on ressent souvent à cet instant la présence du défunt, sous forme d'une puissante énergie ou de phénomènes lumineux. Il convient dès lors de le traiter avec respect et gratitude, car il voit et entend tout ce qui se passe autour de son lit.

Lorsque le cordon d'argent qui tenait ensemble l'âme et le corps est rompu, l'âme ne peut plus revenir dans le corps ; une fois ce dernier contact brisé, on a l'impression de n'avoir plus face à soi qu'une enveloppe vide.

12

La signification des expériences de mort imminente pour notre société

Mort digne, mort indigne

Après avoir, dans les chapitres précédents, étudié en détail la réalité des expériences de mort imminente, nous nous intéresserons, en conclusion, à leur signification pour l'expérience humaine de la mort. Les EMI démontrent qu'il existe des lois universelles de la mort, indépendamment des religions et des cultures : elles attestent ainsi que la vie se poursuit après la mort terrestre. Celle-ci présente des caractères semblables en tous les points du monde. Si nous parvenons, en tant que société, à intégrer la connaissance de ces éléments dans la conscience collective, nous pourrons mettre fin à des peurs profondément ancrées.

La réalité de la mort dans la société actuelle est marquée par l'indignité, l'ignorance, la détresse et la peur de perdre un être proche. Pourtant, au vu du vieillissement de l'Occident dans son ensemble, la mort deviendra un thème central et prédominant des décennies à venir. Il y a de plus en plus de personnes âgées, pour de moins en moins de jeunes. Les soins de longue durée, la nutrition artificielle, la hausse des coûts de prise en charge des démences et de la maladie d'Alzheimer seront bientôt impossibles à financer.

De plus, se pose la question pressante de savoir dans quelles conditions pourront mourir les très nombreux célibataires qui peuplent surtout les grandes villes. Jusqu'à présent, pas un seul homme politique ne s'est emparé du sujet. Les hospices et les institutions existants sont loin d'avoir assez de place. D'après les sondages, la majorité des citoyens veulent mourir chez eux, entourés de ceux qu'ils aiment. Mais que se passera-t-il quand il n'y aura pas de proches, ou un seul? Avec les multiples moyens dont dispose la médecine pour rallonger l'existence, la mort peut s'étirer sur des années. Qui voudra, qui pourra prendre soin de toutes ces personnes seules? Pourrons-nous prendre en charge toutes ces dépenses de personnel? Telles sont les questions urgentes auxquelles nous devons aujourd'hui faire face, car les enfants du baby-boom atteignent maintenant l'âge de la retraite.

Les réformes de la santé et l'introduction de temps de séjour maximums à l'hôpital ont encore sensiblement dégradé la situation. Le renvoi des personnes âgées dans des institutions telles que les hospices fait que ces lieux sont ceux où l'on meurt en général. Bien des établissements de ce type estiment que ce n'est pas approprié, car ils ont pour mission première de soigner et de guérir. Les nouvelles législations conduisent à fragmenter encore un peu plus le processus du décès, et donc à désorienter encore plus les uns et les autres. Il est devenu presque impossible de mourir dignement. Voici un exemple typique :

«À la suite d'une chute dans son appartement, Mme Z. s'est cassé le col du fémur. Elle avait alors quatre-vingt-huit ans, et son mari, qui l'a retrouvée inconsciente, quatre-vingt-douze ans. Il a appelé les secours, et Mme Z. a été transférée à l'hôpital et opérée en urgence. Malgré tout, son état s'est aggravé, et les médecins ont abandonné l'espoir qu'elle puisse quitter l'hôpital en vie. Cette dame, jusqu'alors si robuste, était à l'agonie. Pourtant, après trois semaines d'hospitalisation, elle a dû quitter l'hôpital. Comme il n'était pas question de l'envoyer en rééducation, on l'a d'abord renvoyée chez elle. Son mari étant totalement débordé par les soins, le médecin de famille s'est arrangé pour l'envoyer, en l'absence de place en maison médicalisée, dans un établissement spécialisé pour courts séjours. Au bout de quelques semaines, son délai de séjour était une fois encore expiré, et on l'a donc renvoyée chez elle. C'est là qu'elle est morte, un jour seulement après son transfert.»

Cet exemple nous met face aux conséquences des réglementations actuelles. Le plus souvent, de telles situations touchent de manière inattendue des gens qui n'y sont absolument pas préparés. Les mourants sont transportés en tous sens, et au lieu de pouvoir trouver le calme et la sérénité, ils sont renvoyés d'une institution à l'autre, jusqu'à ce qu'enfin le décès survienne. Le mourant finit par ne plus du tout savoir où il se trouve, il est désorienté, ce qui est inconciliable avec la dignité de la mort dont on parle à tous propos.

Une mort digne est une mort entourée d'empathie et de solidarité: elle ne se décide pas par la loi. De même, nous n'avons aucun contrôle sur l'instant de notre mort. Mourir dignement exige au minimum un environnement calme, afin que la personne puisse faire le point avec elle-même et ses proches. Comment, sinon, pourrait-elle accepter son départ et trouver la paix?

Face à toutes ces problématiques, il est donc de la plus haute importance de développer dès maintenant de nouvelles stratégies d'accompagnement vers la mort. Si nous prenions davantage en compte les connaissances actuelles sur la mort, nous pourrions mieux en comprendre le déroulement et réagir en conséquence.

Les droits des mourants

Le pilier central des droits des personnes gravement malades est la possibilité de réaliser ce que l'on appelle un *testament de vie*, qui permet de décider par avance quelles sont les actions médicales qui peuvent être entreprises et celles qui ne doivent pas être employées à partir du moment où la personne ne sera plus en mesure de décider.

Ce testament doit être couché par écrit, de sorte que les médecins puissent y accéder rapidement. Il est recommandé de nommer un représentant autorisé, qui défendra les intérêts du patient auprès du médecin. En Allemagne, le ministère de la Justice propose des modèles de textes et des aides à la formulation sur sa page Internet. On y trouve des cas types et des explications de la réglementation sur l'emploi, l'étendue et l'arrêt des mesures de maintien de la vie. Dans ce pays, le testament de vie constitue une obligation pour les médecins s'il permet de déterminer sans ambiguïté la volonté d'une personne malade dans une situation concrète. Le non-respect du testament de vie d'un patient est condamné par la loi. Celle-ci, adoptée en 2009, ne met pourtant pas fin au droit des patients à l'autodétermination au moment de la mort. En juin 2010, un jugement du tribunal fédéral a confirmé celle-ci. Le cas suivant était traité :

« Une femme de soixante-dix-sept ans se trouvait depuis cinq ans en coma vigil, à la suite d'une hémorragie cérébrale. Aucun signe n'indiquait qu'elle puisse un jour s'éveiller de nouveau à son environnement. Elle était maintenue en vie artificiellement, alimentée par une sonde gastrique. Sa fille savait que sa mère ne voulait pas végéter au moyen de machines. Elle a donc voulu faire interrompre l'alimentation artificielle et a pris les conseils d'un avocat. L'établissement de soins a refusé, et l'avocat a conseillé à la fille de couper elle-même le tuyau de la sonde. Dans un jugement du tribunal de Fulda, l'avocat a été condamné à neuf mois avec sursis et une lourde amende. La fille a été relaxée. »

Dans un arrêt de principe sur l'euthanasie passive, le tribunal fédéral a cassé le jugement du tribunal de Fulda. Il n'est désormais plus interdit de débrancher la respiration artificielle ou d'arrêter l'alimentation artificielle chez les malades en phase terminale. La volonté librement exprimée d'une personne doit être respectée dans toutes les situations de la vie. À l'avenir, plus aucun établissement ne pourra la bafouer. À la suite de ce jugement, les médecins ne peuvent plus s'acharner à appliquer des mesures pour prolonger la vie et tenir les malades en vie artificiellement à l'aide de machines.

Ces professionnels, qui ont été formés pour sauver des vies, doivent également permettre aujourd'hui à celles-ci de finir. Ils connaissent mal la fin de vie, et certains ne savent même pas distinguer les signes annonciateurs de l'approche de la mort. D'un autre côté, les médecins sortent confortés par ce jugement, s'ils doivent mettre fin à des traitements inutiles et laisser mourir une personne si son heure est venue.

À partir de 2012, à la suite d'une loi qui est passée inaperçue en Allemagne, toutes les facultés de médecine doivent intégrer des cours de médecine palliative – c'est-à-dire les soins qui apaisent la souffrance – à leur cursus. Ainsi, les futurs médecins seront confrontés au problème de la mort dès leurs études. C'est une évolution très positive : ils pourront ainsi bien mieux prendre en compte les situations qui surviendront dans leur pratique clinique quotidienne.

Aujourd'hui, les personnes qui ont directement affaire aux mourants sont plutôt les infirmières et aides-soignants. Il était grand temps de donner une meilleure assise législative aux questions d'euthanasie passive, afin que la volonté des mourants puisse être effectivement mise en œuvre. Cela peut permettre aux gens de mourir dans de bonnes conditions, de sorte que la mort puisse être une mort *naturelle*.

Il y a bien longtemps que les nouvelles possibilités de la médecine ont déplacé les bornes éthiques et juridiques. La protection de la vie ne signifie pas retirer à la personne un droit de regard sur sa propre existence. Le cauchemar du délire thérapeutique va prendre fin. Ce jugement rendra superflue la demande d'euthanasie active. Il reste interdit, et il devient inutile, de mettre fin de manière directe et ciblée à la vie. En suivant sa volonté, nous témoignons du respect envers le patient : le mourant retrouve sa dignité.

TABLE

*Cet ouvrage a été composé
par Atlant'Communication
au Bernard (Vendée)*

*Impression réalisée par
CPI France
en septembre 2017
pour le compte des Éditions Archipoche*

Imprimé en France
N° d'édition : 477
N° d'impression : 3024647
Dépôt légal : octobre 2017